PIGION
Y TALWRN
11

Golygydd:
Gerallt Lloyd Owen

Cyhoeddiadau Barddas

Argraffiad cyntaf: 2010

ISBN 978-1-906396-34-3

*Cyhoeddwyd gyda chymorth ariannol
Cyngor Llyfrau Cymru.*

Cyhoeddwyd gan Gyhoeddiadau Barddas
Argraffwyd gan Wasg Dinefwr, Llandybïe

Cynnwys

Cyflwyniad

Aeth deng mlynedd heibio er pan gyhoeddwyd y casgliad diwethaf o *Pigion y Talwrn*, ac yn y detholiad hwn ceir rhai o'r cerddi a ddarlledwyd rhwng hydref 2000 a haf 2005. Y bwriad yw cyhoeddi'r gweddill (2005-2010) y flwyddyn nesaf. Gan fy mod wedi byw mewn llawer o drigfannau yn ystod y degawd diwethaf, ni allaf warantu fod yr holl gynnyrch yn fy meddiant, ond, serch hynny, yr oedd gennyf fwy na digon wrth law i lunio cyfrol weddol gytbwys a chynrychioliadol o'r Talwrn. Er mor llafurus fu'r gorchwyl o ailddarllen a didoli cryn ddwy fil o gerddi, mi gefais fwynhad wrth ail-fyw rhai o'r munudau mawr fel petai.

Un peth a'm trawodd yn anad dim wrth bori trwy'r deunydd oedd cynifer o'r awduron sydd bellach wedi'n gadael ac y gwelir eu colli yn ddirfawr. Ond, ar y llaw arall, mae'n dda gweld to newydd yn ymuno yn y rhengoedd, amryw ohonynt heb fod wedi eu geni pan ddechreuwyd darlledu yn 1979.

Mae'n debyg y dylwn nodi fy mod wedi gosod ambell gywydd yn ei briod le, er mai fel 'telyneg' y'i cyflwynwyd yn wreiddiol. Ni chynhwysais ganeuon am y rheswm syml eu bod yn llyncu gofod.

Wrth gyflwyno'r gyfrol i'ch sylw mi hoffwn ddiolch i'r gwrandawyr am eu teyrngarwch i'r rhaglen dros gyfnod o 31 o flynyddoedd – bron hanner fy oes i – ac i'r beirdd hwythau am eu hysbryd cymodlon a'u parodrwydd i faddau cam.

GERALLT LLOYD OWEN

Telynegion

Gofal

(yn un o fynwentydd y Comisiwn Beddau Rhyfel Cymanwladol)

Pryd ddaw eu tasg i ben,
Arddwyr cydwybodol
Y mwd a'r ffosydd
A blannodd filiwn
O feddfeini
Yn erwau Fflandrys,
Rhag i aberth yr hogia
Rywfodd lithro o'r cof?

Wrth golli dagrau
Yn y werddon hon,
Ym mhersawr y blodau,
A chysur y gofal,
Cofia hefyd
Y giwed o gadfridogion
Dros y bryn
Sydd wrthi'n cynllunio
Estyniad newydd.

R. John Roberts (Llanrug)

Gofal

Hi, ein chwaer ddibriod, ddiamynedd,
A hi, yn yr hen gartre a fu'n driw tan y diwedd.

Hi oedd targed ein pranc a'n pryfocio
Ac yn galon i gyd, yn cyffroi ac yn ffrwydro.

Hi, y fugeiles gyda'i llusern sigledig
Yn byseddu'r nos am y fam a'i hoenig.

Hi, yr eiddil, a aberthodd ei bywyd
I henaint hiraethus ein mam gymysglyd.

Nid edliwiodd erioed i'w dau frawd crwydredig
Eu hawr gyhoeddus, eu bri diflanedig.

A hi, pe bai yma, fyddai'r cyntaf i wfftio,
Nid y bardd a'r testun, ond ei ddehongliad ohono!

Gwyn Erfyl (Caernarfon)

Clod

(R.S.)

Gwyliodd wylan y llannau
â glaswellt eglwysig
clogwyni'r pentiroedd
yn drwch dan ei draed.
Oedodd gyda'r adar
hynny a laniai
yn adeiniog eu cwestiynau
ar y môr mud.

Ac, o wylio, gwelodd
i fyny ar uchelfannau'r
graig eiriau iaith
yn nythu, a hwythau
yn eu tro yn troi
yn ôl yn wylain
o fawl i'r Goruchaf ei hun.

Idris Reynolds (Crannog)

11

Cyrraedd

Â hatlin prin y weddw
  Fe'u magodd gyda graen,
Ac yn ei bron roedd balchder
  O'u gweld yn dod ymlaen.
A chanlyn wnaeth eu taith o hyd
O fan i fan ar fap y byd.

Ar wely gwyn Bodlondeb
  Â'i dwylo'n fapiau mân
Mae'n disgwyl 'mlaen i'w derbyn
  Yn ôl i Wlad y Gân,
A hwythau mewn moduron drud
Yn cyrraedd adre, bron mewn pryd.

Ken Griffiths (Tan-y-groes)

Ffos

'Doedd ond rhyw fymryn bach o ddŵr,
wrth i mi feddwl am ers talwm
yn llifo heibio yn llawn stŵr.
'Doedd ond rhyw fymryn bach o ddŵr,
a minnau'n awr yn eitha siŵr
mai yn Gymraeg y clywn ei bwrlwm.
'Doedd ond rhyw fymryn bach o ddŵr
wrth i mi feddwl am ers talwm.

Mae mwy o bŵer yn y lli
na'r holl sibrydion rwy'n eu cofio
dan heulwen braf 'mhlentyndod i.
Mae mwy o bŵer yn y lli
nad yw yn dallt fy ngeiriau i
a diarth iawn yw'r tonnau'n treiglo.
Mae mwy o bŵer yn y lli
na'r holl sibrydion rwy'n eu cofio.

Dafydd Pritchard (Y Cŵps)

Hamdden

Oes gyfan o gyd-ddyheu . . .
O weld dau ben y llinyn yn pellhau,
Wrth gasglu'r briwsion prin
Oddi ar hambwrdd cyfyng eu byw,
I'w pentyrru'n ymborth at ryw yfory
Pan ddeuai cyfle i grogi'r telynau ac oedi'n hir
I ddrachtio'n ddethol o ddiferion ddoe.
Oes gyfan o weithio
Heibio i oriau'r magu a'r rhedeg a'r rasio –
At yr eiliad honno pan fyddai ganddynt
Funud iddynt hwy eu hunain . . .

Ond heno,
A hithau'n weddw o'i holl ofalon,
Rhoed amser iddi'n was:
Pob eiliad yn ymestyn yn ddidrugaredd fel edau
      wedi colli'i phen,
A hi, am unwaith,
Yn rhydd i hamddena yng nghaethiwed ei henaint,
Heb neb i rannu'r wledd
O edrych yn ôl at yr edrych ymlaen
A lanwodd ei bywyd treuliedig
Na chafodd gyfle i'w fyw.

Gwyn Lewis (Caernarfon)

Hamdden

Ymollwng
unwaith eto'n swrth
i gadair freichiau flêr
a'i pherfedd cnotiog
yn chwydu ohoni.

Coesau
wedi croesi
yn ymestyn
i flaenau sliperi
lle mae'r bodiau
fel dau lygad
yn syllu i wagle.

Cwmwl
o fwg 'Super Kings'
yn gwau llwybr
i gyfeiriad y bwlb trydan,
a'i gysgod yn troelli'n batrwm
hyd bedair wal y fflat
wrth i'r dydd fachlud.

Potel o Bud
yn siglo'n feddw
ar fraich y gadair
a sianeli Sky
yn fflachio'n ddall ar draws y sgrin
o un i un
o awr i awr i'r oriau mân
hyd nes i gwsg ddeffro'r ymwybod disymud.

Gwasgu botwm y 'remote'
i ddiffodd
diwrnod arall
di-waith.

Phyllis Evans (Manion o'r Mynydd)

Cyrraedd

O ben y byd, mae'r olygfa'n berffaith
a phawb oddi tano'n edrych i'r nen;
fe ŵyr nad oes neb wedi mentro ymhellach,
ac mae'i daith ar ben.

Ar ben y byd, mae rhynnu mor unig
a methiant yn brathu esgyrn ei fod;
fe ŵyr nad oes neb eisiau cydio'n ei raffau,
ac mae'i gwymp yn dod.

Karen Owen (Y Sgwod)

Gorffwys

Mae'r haf ym medd yr hydref
   Ar ôl ei ludded hir,
A chwrlid aur ac arian
Yn cuddio'r berth a'r marian,
Ac awel dyner, dyner
   Yn hwian tros y tir.

Ond yn y pridd yn ddistaw
   Mae Llaw nas gwelodd un,
Yn trefnu gwyn briodas
Y gwanwyn, a rhoi urddas,
A hynny'n dawel, dawel
   Mewn modd nas deall dyn.

Machraeth (Monwyr)

Distawrwydd

Bûm yn dyheu am ei gwmni;
chwiliais amdano ymhob
twll a chornel,
ond, rhywfodd, llithrai'n slei o'm gafael
bob tro,
gan daeru nad oedd iddo le
yng nghanol dwndwr bywyd
a chwerthin plant.

Ond heddiw
sleifiodd y gwalch i mewn
trwy dwll y clo,
gan lithro'n llechwraidd
trwy noethni'r stafelloedd
a'u llenwi un ar ôl un;
stwffiodd i bob cadair wag,
gorweddodd yn feiddgar
ar y gwlâu glân,
di-grych.

Gwelaf o'i osgo
ei fod am aros – ac aros
yn hir,
a minnau heb wybod
beth i'w wneud â'i ddieithrwch.

Ann Fychan (Bro Ddyfi)

Llythyr

Ar femrwn hud yr oesau,
Fel tonnau glas ar draeth
Mae'r geiriau heno'n torri
Yn rhydd, 'rôl bod mor gaeth;
Ac er mor unig oeddent
Cyn llifo ohonot ti,
Mae grym pob sillaf bychan
Yn llwybr aur i mi.

Ac er i'r stormydd geirwon
Fygwth ein llyncu oll,
Gan sgubo'r geiriau cyfrin
Yn lân, cyn mynd ar goll,
Ar femrwn hud yr oesau
Mae'r tonnau glas o hyd
Fel olion traed ein cariad
Yn glir tan ddiwedd byd.

W. Dyfrig Davies (Y Garfan)

Gwên

Mi wn na chaf mohoni
dim ond i mi o hyd,
eraill a glyw ei geiriau
a'i gweld yn llais i gyd,
ac alaw'r haf a glyw y rhain
yn fiwsig gwâr ar wefus gain.

Y rhain a gred mai'r wyneb
yw gwir fagwrfa'r gân,
ni rannant hwy'n yr enaid
y mil o berlau mân;
gan hynny, mwy yw gwên i mi
o'i chael yn nwfn ei chalon hi.

Tudur Dylan Jones (Y Taeogion)

Cornel

Gwgu ar ddwy wal,
a blaen ei sgidiau blêr
yn sgyffio'r sgyrtin
nes creithio gwynder y paent.
Mae'i dymer yn dal
ar dân yn ei berfedd
a'i ddwylo wrth ei ochr
yn ddyrnau.
"Rhag dy g'wilydd di!
Gwrthod rhannu'r *crayons*, wir!"
Mae'i winedd yn tyllu'i gledrau
rhag ymollwng,
rhag dangos gwendid.

Heno,
pan fydd Miss wedi dianc
rhag strach ei dydd,
a suddo i'w soffa gysurus
bydd yntau,
y crwt anghyfleus,
yn cicio'i sodlau'n ddiflas
ar gyrion bywyd rhieni di-hid.
a'i fys yn dilyn hen batrwm pŵl
ar garped tyllog ei fyd.

Menna Thomas (Y Dwrlyn)

Neithiwr

Y gwely yn donnau gwyllt
a diferion ei boen yn ewyn
yn ein llygaid.

Drwy'r nos gwyliodd yr wylan
ar silff ei ffenest
â'i phen i lawr.

Trosi a throi
yng nghwmwl clòs ei waeledd
yn ymbil am hedd,
yn brwydro â'r bedd.

Daeth y diwedd
yn botel wag o oer.
Y llanw ysgafn
yn tynnu'i gwilt yn ddestlus
dros y gwely llyfn
a'r atgof o'i ing
yn wymon mân
ymhobman.

Cau ei lygaid iddo weld
yr awyr las
a dilyn yr wylan i'w fory distaw.

Ninnau ar ôl
mewn cwch o ansicrwydd
ac awelon ei neithiwr ef
yn ein cludo
at ein heno ninnau.

Mari George (Awyr Iach)

Dwylo

*(Pan oeddwn i'n hogan bach, mi es efo fy mam i weld yr
awdures Elena Puw Morgan, oedd â'i dwylo wedi eu
clymu gan grydcymalau. Dyma'r frawddeg sydd yn*
Cydymaith i Lenyddiaeth Cymru *amdani: 'Rhoes y
gorau i ysgrifennu er mwyn gweini ar berthnasau
methedig.')*

Lympiau cnotiog yn watwar o gnawd.
Hyn yw ein gwobr am ofal.
Llygaid ifainc yn syllu ar ffawd
merch y geiriau dihafal.

Y rhain yw dwylo ein merched oll –
mam, cariadferch, gofalwr.
Y rhain yw dwylo ein merched coll:
bardd, dehonglwr, sgwennwr.

Dwylo gofal a dwylo gwaith;
dyma ein priod anian?
Ond y dwylo hyn a guddiodd y graith
â holl ysblander gwisg sidan.

Meg Elis (Waunfawr)

Dwylo

(Etholiad 1859 ym Meirionnydd)

Mae ôl eu llafur ar y caeau hyn
sy'n eiddo i Watkin Williams Wynn
yn hau a medi
i dalu'r rhenti
a gosod cilbyst a giatiau pren
ar dyddyn y weddw o'r Weirglodd Wen.

Daeth cyfle i'w codi erbyn hyn
yn erbyn Watkin Williams Wynn:
mae magu calon
yn cerdded Meirion
ac mae'n amser i'r bychan fod yn ben,
medd mab y weddw o'r Weirglodd Wen.

Cewch eu rhoi ar un o'r bargeinion hyn
yn ocsiwn Watkin Williams Wynn:
maen nhw'n clirio'r stadau
o berygl heintiau,
a golchi'r cerrig yn lân o'u cen
yw hel y weddw o'r Weirglodd Wen.

Rhwng bysedd newydd y dyddiau hyn
mae pŵer Watkin Williams Wynn
i hwylio byrddau
a gwagio caeau,
a phoen na ddaeth hi byth i ben
yw poen y weddw o'r Weirglodd Wen.

Myrddin ap Dafydd (Tir Mawr)

Esgus

Am fod heddiw'n hir a fory'n wyryf
y treuliais ddoe yn addo ac yn dweud
y gwna' i'r hyn sydd eto heb ei wneud.

A chan fod dirfawr angen dwys-fyfyrio
am sut i dreulio'r diwrnod ar ei hyd
y treuliais innau echdoe'n gwneud dim byd.

Cyhuddwch fi, os mynnwch, o ddiogi;
pendronaf innau a yw hynny'n wir;
mae fory'n wyryf ac mae heddiw'n hir.

Gwyneth Glyn (Tywysogion)

Dial

*(Fel rhan o brosiect addysgiadol gofynnwyd i blant
Belfast ysgrifennu cerdd am heddwch)*

Ni wyddent beth oedd heddwch
Na cherdd chwaith;
Ni wyddent am ddelweddau'r
Golomen wen honno
A welwyd yn clwydo
Yn seiadau hwyr Bi Bi Si Dau;
Ni wyddent eiriau gwleidyddion
Y dweud da.

Ond gwyddent am blentyn
Caled y bwled a'r bom,
A medrent y mydrau
A'r awen i ysgrifennu
Y gerdd mewn gwaed
Ar dai'r Ardoyne.

Idris Reynolds (Crannog)

Dial

Fe fu yn teithio'n gyson,
   Gan gario'i hiraeth du,
I ladd y chwyn o gwmpas
   Y fan lle gorwedd hi.

Aeth yntau yn ei amser
   I orwedd i'r un hedd,
A chwyn y greadigaeth
   Sy'n dawnsio ar y bedd.

Ken Griffiths (Tan-y-groes)

Llwch

Diau y dychwelwn yn y man
At lle bu'r llwch yn gymylau,
Ac yn rhaeadrau angau.

Diau, yn ein rhwysg,
Fe ddodwn eilwaith lwch ar lwch,
Carreg ar garreg,
Nes codi masnach-dyrau
Y Babel newydd
Ar orwelion ein gwareiddiad.

Ond er ein codi o'r lludw,
Ni allwn ddianc o'r llwch.
Y llwch hwn yw ein tynged ni,
Ein hanadl,
Ac iaith ein hofnau hefyd.

Nyni a glywn bellach
Gorwynt ymhob awel,
A dydd barn
Yn siffrwd y manus
A deflir i'r gwynt.

Aneurin Owen (Llansannan)

Llwch

Lleidr llechwraidd
yn crwydro'r agor
a'r injan
â llygaid main;
yn ceisio cyfle
yng nghwmnïaeth
gynnes
y caban.

Lleidr tryloyw
yn casglu i'w gôl
genedlaethau
llwydion.

Lleidr distaw
yn cipio
gwynt y dref.

Cynan Jones (Manion o'r Mynydd)

Angen

Ni theimlwn yr haul na haelioni ei wres
wrth hwylio'n braf ar donnau ei des.

Ni chlywn y glaw yn glasu'r tir
wrth droedio ehangder ei erwau ir.

Yn ddall i'r llusern, yn fyddar i'n lles,
pan ddiffydd yr haul y teimlwn ei wres.

Gwyneth Glyn (Tywysogion)

Cerbyd

Â'r drysau i gyd yn 'gorad ar y platfform,
Dewisais un ar hap a damwain fwy neu lai,
Am fod yno sêt, eisteddais yno,
A'r drysau eraill oedd petasai neu petai.

Mae'n siwrna' eitha' difyr ar y cyfan,
A'r dyn gyferbyn – mae o'n gwmni digon clên;
Daeth plant i mewn i'r cerbyd o ryw orsaf,
A gwneud iddo fo a finna' deimlo'n hen.

Ond gynna', cefais gip i gerbyd arall,
'Di laru 'studio caeau a chefnau tai,
A gwelais ddyn â'i wên fel haul ar donnau
A sŵn y trên yn mynd petasai a phetai.

Siân Northey (Y Moelwyn)

Geiriau*

Cofio Mam a'i gwniadur, crefft y gwead, gwefr
    ei chanu,
Raflins llac hen hosan, yna'r trwsio a'r cyfannu
Bwyth wrth bwyth, a dileu y bwlch ar ôl y draul,
A gofyn 'fory faint, os rhywfaint, o'r hen recsyn
    fydd ar gael?

Brodio a chystrawennu fel'na fu ein rhan ar hyd
    y daith,
Dyna hefyd ydi hynt a hanes hen ein hwyl a'n gwaith.
Wrth ymboeni am y darnio, seiniau estron,
    bastard eiriau,
A'n byddaru gan dabyrddau cras eu cordiau.
Ddarn wrth ddarn a haen 'rôl haen yng ngwlad
    fy nhadau,
Ai fel hyn y dilëir am byth ein hiaith a'n hanfod
    ninnau?

* (Hen gwestiwn athronyddol, dyrys – o ddarnio dilledyn
fel nad oes dim o'r deunydd gwreiddiol ar ôl, ai'r un
dilledyn fydd o?)

Gwyn Erfyl (Caernarfon)

Rhith

*(Mae cysgod dyn a laddwyd gan fom Hiroshima wedi
ei serio ar stepen drws banc yn y ddinas; gyda threigl
amser, mae'n dechrau diflannu.)*

Pyla'r cysgod fel cof.
Bomiodd y blynyddoedd ni
i fudandod derbyn;
camodd cymaint dros stepen
banciau'r byd
nes sathru'r rhith dan draed.

Ond cyfyd cwmwl
tua maint dychymyg dyn
eto'n y dwyrain
i greu cenhedlaeth arall o gysgodion.

Meg Elis (Waunfawr)

Pwyll

Un noson lawog
'dw i'n cofio pregethu
a phregethu
"pwyll piau hi,"
ond roedd olwynion dy ieuenctid
eisoes yn llosgi tyllau yn y lôn,
a 'doedd dim y gallai mam ei ddweud
i wasgu brêc dy awydd di.

'Does dim yn newid.
Mae gwylltineb dy yrru
heddiw eto
yn gwlwm o boen rhwng fy llygaid
a 'dw i'n clywed sŵn sgidio,
Sŵn metel yn malu
a chawodydd o ddagrau
wrth i ti olwyno dy ffordd
ar hyd y ward yn dy gadair.

Karen Owen (Y Sgwod)

Pwy

Hen wraig bryderus mewn cornel
A hen blentyn ar goll
Yn niwl ei llygaid,
Isie mynd adre' . . .
Isie Mam . . .
Chwilio am law
I'w harwain sha thre',
Chwilio am gysur
Wyneb cyfarwydd
Heb weld ond dieithriaid ymhobman.
Hen wraig,
Hen fam –
A'i merch yn neb iddi.

Menna Thomas (Y Dwrlyn)

Lamp

(Fel teyrnged i 'nhaid, gwas fferm a aeth i'r weinidogaeth,
a chrefftwr a fyddai'n creu ac yn addurno lampau.)

Rhyw bwt o fetel, cainc neu geubren gwyw
  mewn ffos ar fin y ffordd yn magu baw
    a naddwyd ganddo'n gawg o ynni byw
     fel llewyrch haul yn diffodd cawod law;
Estynnai frwsh a phaent o ddau hen dun
  i liwio gorchudd yn batrymau mân
    ddisgleiriai'n risial pan fo'r golau ynghynn
     a'r gwydr wedi'i hir anwylo'n lân.

Mae sawl hen lamp o hyd ar hyd y lle
  mewn ambell gornel dywyll yn hel llwch:
    y gwydr gwelw â'i graciau'n dynn gan we,
     y pren yn pydru neu y rhwd yn drwch.
Mor fuan yr anghofir dyn a'i gamp:
mor hawdd ag estyn bys i ddiffodd lamp.

Eifion Lloyd Jones (Dinbych)

Enw

John Thomas oedd ei enw
'Run fath â'i hen dad-cu,
John Thomas ar bob ffurflen
A thystysgrifau lu.

Ond heddiw ym Mryn Seion,
Gan lenwi'r llofft a'r llawr,
Mae'r werin gymwynasgar
Yn cofio John Pant Mawr.

Dai Rees Davies (Ffostrasol)

Tybed

Beth os bu farw ar y groes
a dyna ben ei daith.
Beth os, o'i roddi yn y graig,
na chododd wedyn chwaith.
Gan ddiffodd golau mab o ddyn
yn llygaid gwag ei dranc ei hun.

Beth os nad oes tu hwnt i'r llen
ond darfod byth â bod,
ac nad oes dim i blant a'u plant
ond marw mud di-nod;
ac nad yw'r bywyd byr a gawn
ond plwc o wynt ar edau wawn.

Nid oes i'r byd ond dod i ben,
fel bydoedd aeth o'r blaen,
mai gwich ddamweiniol ydoedd Bod
a byw yn ddim ond straen;
y gors i gyd yn llychyn llaith
mewn moroedd o gemegau maith.

Ac nad yw byw yn ddim ond sbarc
o drydan droes yn gnawd,
rhyw hadau gwamal yn y gwynt . . .
Beth wedyn ydyw brawd?
Ond hedyn arall yn y rhych
rhwng Dim a thragwyddoldeb sych.

A beth yw cariad? Beth wyt ti
Fy nghariad yn fy nghôl?

Ai trachwant oedd y peth i gyd?
Rhyw reddf o'r gors ar ôl?
Ai ffliwc rhyw fioffiseg ffug
oedd dal dy lygaid yn y grug?

*   *   *

Mae gwactod eto'n llawer llai
nag eiliad ferra'r dydd,
llai na thywodyn ar y traeth,
na deigryn bach ar rudd;
a rhywsut, gwactod hebot ti,
yn fwy o wactod fyth i mi.

Gwynfor ab Ifor (Tre-garth)

Cyfoeth

Hen fodryb yr Hendre
a fu'n crafu bywoliaeth cyhyd,
rhwng tendio'r ieir crintachlyd
a godro'r diferion yn lân,
er mwyn rhannu â ni'r plant
ei glastwr
ac ambell ŵy pasg.

Ond ar foreau Sul
rhoes i ni flas
ar win y briodas yng Nghanaan
a bara Emaus;
cyn ein deffro
i ryfeddod ffydd Capernaum,
Llanfihangel-y-Pennant
a Phantycelyn.
Gwrymiau ei dwylo plethedig
yn dyst
i galedi ei byw.

Bellach mae'r Hendre, fel Seilo, gan Saeson,
a chollais innau flas ar y glastwr,
a'r gwin hwnnw,
cyn sylweddoli ei werth.

Gareth Williams (Tir Mawr)

Etifedd

Ni chefais gennyt ti erioed
yr hawl i ddyrnaid arian,
na darn o dir, na llinach hir,
na theitl gwerth ei yngan;

Ni chefais gennyt ti erioed
y grym sy'n prynu ffrindiau,
na gorchest iaith, na balchder chwaith,
na masg y llu wynebau;

Ni chefais gennyt ti erioed
ond brwydr hir, a gweddi;
ces gerdd mewn byd sy'n sŵn o hyd,
a chân sydd yn distewi.

Ai dyna'r cyfan, pan ddaw'r dydd,
f'ewyllys innau, Gymru rydd?

Karen Owen (Y Sgwod)

Tro

(Tachwedd yn y ddinas)

Ar bafin dinas fudur
Ni sylwais hyd y stryd
Fod Tachwedd yno'n brysur
Yn dwyn y dail i gyd;
Ni sylwodd chwaith mo'r gyrwyr draw
Yn gwylio'u lôn wrth ddiawlio'r glaw.

A'r lonydd diamynedd
Yn troi fel chwythwm tro,
Ni theimlent gynnwrf Tachwedd
O'u ceir yn mynd o'u co',
Na gweld bod elyrch ola'r haf
Yn fintai wen ar afon Taf.

Emyr Davies (Y Taeogion)

Parch

*i Glenys Kinnock ac Eluned Morgan a wrthododd
siarad Cymraeg gyda chriw o fyfyrwyr Ysgol Glan Taf
ar ymweliad â Brwsel.*

Ymhell o Gaergybi, ymhell o Gaerdydd,
tlodion y ddaear, globaleiddio sydd
loes calon i ni, wleidyddion y dydd.

Wfft i chithau a'ch plwyfoldeb prudd
yn sôn am sawl Patagonia gudd
rhwng Andes Caergybi a Phorth Madryn Caerdydd.

Mae'r gwledydd yn gwrando ac rydan ni'n rhydd
rhag gorfod cyboli ein geiriau er budd
hen bobol Caergybi ac ieuenctid Caerdydd.

Dros orwelion ein gofal, byd-eang yw'n ffydd
wrth setlo stormydd gwaeth na'r rhai sydd
yng nghymylau Caergybi a glaw Caerdydd.

ac wrth gael echel y byd i droi'n well
a thafoli hawliau pobol bell,
danfonwn chithau yn ôl i'ch cell.

am feiddio mwydro gwleidyddion y dydd
gyda'r baich o broblemau sydd
ar Ayers Rock Caergybi, Wounded Knee Caerdydd.

Myrddin ap Dafydd (Tir Mawr)

Drych

(ar lan llyn Chwarel Dorothea)

'Dw i'n trio cofio
ai yn fan hyn mae ysbrydion yn nofio;
dyna ddywed y dyn ar y radio

sy'n adrodd am ddeifiwr
a gollwyd neithiwr
yn nhywyllwch tragwyddol y crychddwr.

Yna, 'dw i'n craffu
i weld a wela' i anturiaethwyr yn cysgu
am eu bod nhw'n methu

â chipio un anadliad deffro.
Maen nhw'n galw arna' i heno
a phob yfory eto

ac yng ngwydr du y llechi
maen nhw'n mynnu edliw imi
yn wyneb ar wyneb, eu bod nhw'n boddi.

Karen Owen (Y Sgwod)

Ofn

(. . . y milflwydd newydd ym Mhrion acw)

Fel Carneddog gynt,
  maen nhw'n mynd . . .
    o Dŷ Capel, Bod Erw a Groes Gwta –
  fel yr aethon nhw
    o Efail Wen, Berthen Gron a Buarth Mawr;
      etifeddion muriau carreg
        y Gymru uniaith Gymraeg.

Mae 'na guro a chlirio garw
  yn sgubor Groes Gwta –
    yr hen dŷ yn rhy fach
    i falchder estron;
  rhyw Jac mawr melyn
    sy'n rhuo'i drais o draw
      drwy ardd Bod Erw;
  a 'dydi ci newydd Tŷ Capel
    ddim yn cyfarth
      yn Gymraeg.

Fis diwetha',
  daeth mam Efail Wen
    â'i mab i'r Ysgol Sul:
    etifedd gwyngalch
      y Gymru newydd
      uniaith . . .

Eifion Lloyd Jones (Dinbych)

Ofn

Gwep y cloc
yn rhythu;
yn pwyntio'i fysedd bygythiol
a'i ddedfryd
tuag ataf.

Curiad y galon
fel ergyd gordd
yn bwrw rhythm y disgwyl.

Dafnau chwys
yn gawod gesair
a haul Gorffennaf yn trywanu drwy'r ffenestr.

Minnau'n rhynnu'n ei wres.

Cysgodion y meddwl
yn llusgo dros y waliau gwelw
hyd nes i gôt wen y meddyg
feddiannu'r byd.

Un gair clinigol:

Cancr.

Phyllis Evans (Manion o'r Mynydd)

Cwm

Yn y tridegau, byseidiau o Birmingham ar eu ffordd
    tua'r lli –
Cwm i fynd trwyddo, nid iddo, oedd fy henfro i.

Dyddiau'r gwair yn pydru'n ddu mewn cors
    ddiheulwen,
Dyddiau'r gwenith gwyn a'r ysgubor lawen.

Yna, yn gogie, diosg pob chwys a philyn
A phlymio'n noeth i'r dwfwn yn llyn y Felin.

Yng nghapel Rehoboth, y gair a'r gân yn trydaneiddio
    'ngofod –
Y 'gwyn a gwridog', y goron ddrain, y gwin
    a'r wermod.

Yno synhwyro cymhlethdodau ffawd
Sydd yn paganeiddio'r dwyfol ac yn sancteiddio'r
    cnawd.

Fan hyn mae fy hanfod a phob rhaid a rhinwedd,
Rhyw ddarn o hwn a fydd yma i'm dal hyd y diwedd.

Gwyn Erfyl (Caernarfon)

Cwm

(Cwm Glas, ger y Grib Goch, Gorffennaf 2002)

Roedd afon y mynydd yn ddagrau
a'r garreg yn serth gan y glaw
a'r teithiwr a'i annel at gwm-pell-i-ffwrdd
gyda'i *Guide to Snowdonia*'n ei law.

Fe wyddai pa le i roi'i babell,
roedd y llyfr wedi nodi'r fan;
yng nghanol y cerrig sy'n amddiffyn Llyn Glas
roedd 'na glwtyn o dir ar y lan.

A'r teithiwr sy'n gorwedd yn fodlon
gan glywed bref oen oddi draw,
heb ddeall fod mwy i gynefin
nag afon a charreg a glaw.

Tudur Dylan Jones (Y Taeogion)

Pryder

Dyma hen ddarlun digon di-chwaeth;
mae'r plant bach yn codi eu cestyll ar draeth,

a'u mamau gerllaw yn eu ffrogiau llaes,
yn oes y parasól a'r staes,

a'r taffis o boced yr hen ŵr clên,
a'r emynau mwynion ar y trên.

A welan nhw'r cwmwl at faint llaw dyn
rwyf i'n ei weld ar ymyl y llun?

Twm Morys (Tywysogion)

Nos Da

Bob nos rhoi'r genod yn eu gwlâu,
ac yno fe gysgant dan gwiltiau Disney,
lleuad aur ar gotwm glas yn ffin i'w byd.
Yn ddeddfol
sythaf gynfas,
codaf degan,
rhof lyfr gwaith cartref yn amlwg at y bore,
dant dan obennydd lliw.

Ond heno,
a hithau â'i phaneidiau diddiwedd
yn heglog ddeuddeg ynghlwm wrth ffilm,
gadewais hi.

Pendwmpian yn fy ngwely uwch fy llyfr,
ac eiliad ddwy awr wedyn,
rhwng cwsg ac effro,
rhwng heddiw ac yfory,
synhwyro bysedd ifanc
yn tynnu fy sbectol.

Siân Northey (Y Moelwyn)

Gwerth

Yr oedd 'Homes for Sale' ar y post yn y berth,
Ac odano, wrth reswm, 'Cartrefi ar Werth',

Gan nad yw'r farchnad yn gwybod lai
Nad yr un peth yn union yw 'cartrefi' a 'thai'.

Dic Jones (Crannog)

Cloc

Hirddydd mwyn, a'r haf yn bwrw'i lawnder
I gostrelau'r oriau o gylch y bwrdd.
Munudau cloc y gegin yn draed mân i gyd
Ar frys i gyrraedd yfory,
A chloc y parlwr yn pwyllo
Gan fesur pob eiliad â'i bendil hir,
Cyn eu rhoi.

Hafau ddoe, heddiw'n aeaf,
Oriau fel cadeiriau'n weigion
O gylch y bwrdd.
Tinc morthwyl ar y gloch bres
O'r parlwr yn parlysu
Mudandod y gegin
A'r Lleidr yn cerdded trwy'r tŷ.

Aneurin Owen (Llansannan)

Drych

'Rôl rhedeg ddoe i'r ffynnon
Ac edrych i'w dŵr hi
Fe welwn wyneb plentyn
Yn rhythu arnaf i.

'Rôl cerdded ati'n araf
A syllu'n hir i'w dŵr,
Rhy fawlyd ydyw heddiw
I ddangos llun hen ŵr.

D. T. Lewis (Ffostrasol)

Aros

(ar ôl dod o hyd i nodyn wedi ei sgrwnsio mewn drôr)

Pelen oer yw'r geiriau crwn,
sillafau'n ôl o'r bywyd hwn;

pelen wen o eiriau gwneud
cyn inni'n dau wenwyno'n dweud;

pelen ddoe a'i geiriau clyd –
pam ga'dd hi aros yma c'yd?

Am fod dwyn pob gair o'i phlygion hi
yn codi hiraeth arna' i.

Karen Owen (Y Sgwod)

Gorffwys

Dim ond mewn argyfwng y caniatéir
i gerbydau aros ar yr ysgwydd galed.
Dim ond pan fo damwain neu nam ar geir
gân nhw barcio yn fa'ma i gyfyngu'r niwed.

A heno 'dwi angen llithro o'm lôn
a thynnu i'r ochr, a stopio, a gweled
pa ffordd 'dwi'n mynd, be 'dwi'n deimlo'n y bôn.
Heno mae gen i angen yr ysgwydd galed.

Siân Northey (Y Moelwyn)

Gwerth

(yn seiliedig ar ateb y Pennaeth Seattle pan geisiodd Arlywydd America brynu rhai o diroedd yr Indiaid yn 1854)

Rwyt ti'n gweld y tir yn wyllt;
i mi, mae'n ardd erioed.
Fflamau a thân a deimli di;
minnau'n teimlo'r coed.

Cig a weli lawr ffroen dy wn;
gwelaf innau gnawd.
Croen a ffwr yn dy feddwl di;
yn fy meddwl innau: brawd.

Rwyt ti'n gweld erwau o wenith gwyn
a minnau'n gweld y paith.
Rwyt ti'n clywed udo yn y nos;
minnau'n clywed iaith.

Rwyt ti'n gweld argae a phibelli dŵr;
minnau'n gweld afon fyw.
Rwyt ti'n cyfri'r lle yn gyfle aur;
minnau'n ei gyfri'n dduw.

Rwyt ti'n gweld y ddinas yn tyfu o hyd;
rwyf innau'n gweld y ddôl.
Rwyt ti'n gweld cynnydd; minnau'n gweld
y ddaear na ddaw'n ôl.

Myrddin ap Dafydd (Tir Mawr)

Cwrdd

Yr oedd arogl Suliau dioglyd
dau fileniwm yn drwm dros y dref
a ninnau, baganiaid,
yno'n hamddena
ar balmant o *ristorante*
â Rosé'r oesoedd
yn bywiocáu pob cwrs.
Ger difrawder diamser y don
roedd Cyprus o ynys wâr
a'i haul melyn
yn denu dyn.

Y dwthwn hwnnw
nid oeddem ni
yn malio fod cymylau
yn ddu dros wlad yr Addewid,
ni chlywsom fortar o daran
yn rhuo, ni welsom yr awyr
a holltwyd gan fellten
draw dros
fôr o gorau
gwag.

Ond wrth inni fwyta'r bara
anghred ac yfed o'r gwin
rhad, yr oedd
o'r pysgotwyr a segurai
yn y cyhûdd ar y cei,
rai o hyd yn trwsio rhwydi.

Idris Reynolds (Crannog)

Pennawd

(ym Mhapur y Sun *yn dilyn suddo'r llong* Belgrano)*

Y cais oedd pennawd bachog, byr
    A chic bur egr ynddo,
Addas ar gyfer stori flaen
    Uwch llun o'r llong yn suddo,
A'r hyn a godaist ti o'r baw
    Yn hafan glyd dy swyddfa
A'i lusgo gerfydd ei dafod brwnt
    Un gair, bastardair – 'GOTCHA'!

Ai dwdlan yn dy feddwl wnest
    A chofio am Tom a Jerry?
Ai ynteu dod a wnaeth fel fflach
    Â thi'n dychmygu'r gwaetgi
O ffrwydryn ar annel drwy y dŵr
    Ac yna'r prae yn rhwygo
A'r tonnau yn dy ben yn goch
    Wrth iti gnoi dy feiro?

Sut flas oedd ar dy frecwast di
    Drannoeth uwchben dy bapur,
Ac, yng ngoleuni glanach haul,
    A deimlaist ti yn fudur?
O ddüwch y llythrennau bras
    Tybed a oedd casineb
Dy weledigaeth di dy hun
    Yn poeri yn dy wyneb?

Enid Wyn Baines (Glannau Llyfni)

Pennawd

(Lladd 1, anafu 3)

Ac yn yr un hwnnw gynt yr oedd enaid,
yr oedd adnabod yn dwym yn ei lygaid.

Yr oedd iddo lais rhwng llofft a chegin,
yn eiliadau lleddf, a rhyferthwy chwerthin.

Yn yr un hwnnw roedd haenau'n gorwedd
yn ddoe ac echdoe a llawer llynedd.

Y mae yma yn un, yn llonydd mewn llinell,
Yn gelain o galed, ac fe'i gyrrwyd yn bicell

I'r galon a'i gwelodd, heb hyd yn oed enw,
Ac a garai'r enaid oedd yn yr un hwnnw.

John Gwilym Jones (Penrhosgarnedd)

Cyfaill

'Dwi'n cofio'r amser pan oedd crwydro'r afon
gan chwerthin a ffraeo yn llenwi'n dyddiau;
ein sŵn yn sŵn plant ac yn sŵn breuddwydion,
a sŵn rat-a-tat dychmygus ein gynnau
yn eco ym mynydd y trychfilod, ac yn rhedyn
y nadroedd dim ond sŵn calonnau'n curo,
a'r siffrwd o'n cwmpas, a mân gleciadau i'n dychryn,
cyn rhuthro'n llawn chwerthin yn wyllt oddi yno.
Ond heddiw eto mae o wrth fy rhiniog
fel y troeon o'r blaen i fy hudo allan
at sŵn ei rethreg, a'r sglein ar y bidog,
a'r diawlineb sy'n nadreddu ym meddyliau cyflafan.
Mae'r trychfilod yn bod yn yr eco wylofus
a sŵn rat-a-tat ei ideoleg ddychmygus.

Dafydd John Pritchard (Y Cŵps)

52

Llwyddiant

Llwyddasom yn ddidrafferth
    I faeddu'r hen Saddam,
A llwyddo yn ein golwg
    I gadw'r byd rhag cam:
A chodwyd delwau Bush a Blair,
Yn nhyb y byd, yn uwch na'r sêr.

Mae Ali ar ei wely,
    Heb riant a heb fraich,
Ac engyl o estroniaid
    Yn ysgafnhau ei faich:
A fedr Bush a Blair yn awr
Ddarbwyllo hwn o'r llwyddiant mawr?

Emyr Jones (Tan-y-groes)

Llwyddiant

(Dathlu canmlwyddiant capel)

Adlais gwan
 o hwyl y dyddiau gynt,
a chorlan
 o fugeiliaid penwyn
yn diolch
 am y praidd a gasglwyd.

Rhwng hanner gwên a gweddi,
o gwmpas y Gair a'r gân,
 anadl oer
 y bleiddiaid anweledig
ar ddiarwybod berwyl
 yn glafoeri'n wyllt
hyd at y mêr.

Yng nghanol heulwen
cofio'r dyddiau da,
 gwlith heddiw
yn rhacso'r sylfaen,
a'r plastar
 yn bochio'n agosach fyth
at wres gwan y pulpud.

A'r gobaith y daw ffydd
 yn dân
 i grasu croeso
 yn ôl i'r lle
 yn ymdoddi
fel tarth glyn cysgod angau,
 wrth gloi'r drws
 ar ganrif arall.

W. Dyfrig Davies (Y Garfan)

Cadw

Gei di gadw'r prynhawniau heulog,
Y chwerthin yng nghwmni'r criw,
Y jôcs dros beint gyda'r nosau
A'r ffraethinebau rhwydd.
Gei di gadw'r geiriau anwes,
Y cydio dwylo cynnes
Pan nad oes neb yn gweld,
A'r sgyrsiau dwys 'rôl amser cau;
Cadw di'r cyfan hyn.

Ond gad i mi'r cof
Am storm o nos ger Ewenni,
Fy nghalon i'n dawnsio'n chwil
A'th lygaid di'n loyw o sêr.

Menna Thomas (Y Dwrlyn)

Craith

(am gyfarfod â hen gyfaill a dramgwyddwyd gennyf)

Daeth wyneb at wyneb unwaith, ein llwybrau wedi'n troi
I gilfach o gyfarfod na allwn ei osgoi:

dwy ddeilen yn cyd-daro oeddem, yn hydre'r gwynt,
A gwelwn yno galon a glwyfwyd gennyf gynt.

Ein geiriau'n wacter cwrtais, gan esgus croesi'r clawdd,
Holem heb wrando'r ateb am fod yr holi'n hawdd.

Ond colyn y cwrdd hwnnw oedd gweld, pan droes
    i'w daith,
Y gwyddai y gwyddwn innau ei fod yn byseddu'r graith.

John Gwilym Jones (Penrhosgarnedd)

Cymydog

Ro'n i yn eu 'nabod i gyd,
Er mai
Cornwall,
China,
New York,
A'r Aifft
Oedd enwau eu tyddynnod.
Enwau a naddwyd i Gymreictod bro
Gan fonedd,
I gofio teithiau eu hieuenctid dethol hwy
A'u hanes drud.
Tyddynnod
A safai fel darnau gwyddbwyll
Ar y lleiniau sgwâr
Rhwng y Garn
A Sarn Mellteyrn.
Tir
Na wyddai derfyn
Er bod iddo gloddiau,
Ac iaith a chraith
Yn cydio'n gymwynasol
Fam wrth fam
A thad wrth dad
O dymor had i'r dalar olaf un.

Ond pwy wyt ti drws nesa'?
Ti,
A feiddiodd dorri
'Argoed'
Ar lechen las dy ddrws,
Heb ddeall gair
Nac adnabod y pren
Sy'n cynnal dy nyth.

John Gruffydd Jones (Bro Cernyw)

Noswylio

Gŵyr y bydd y geiriau
yn troi'r gwely a'i gwilt
yn gyferi o gaeau
i'w llenwi â'r lluniau lliwgar
o'i dylwyth – y defaid a'r da.
O gorlan ei glustogau
gwêl ei fferm, fel gweld ffilm,
a byw caledi'r buarth
yn ei ben,
yn ffermwr bach,
nes i dractor gwyrdd a'i drelar
gario llwyth o gwsg i'r llofft.

Troi tudalennau'r teulu,
beunos,
a ddaw â'r bore'n nes,
ond gŵyr ei dad
mai cau'r llyfr,
heno, fydd tynnu'r llen
a bod eu noswyl dawel
yn fwy na dim ond diwedd ar y dydd.

Siân Owen (Bro Alaw)

Brawddeg

Ar fin y ffordd
wedi'r ddamwain.

Dieithryn
yn aros ennyd
i wau ei gydymdeimlad
rhwng sgwariau noeth y ffens,
a'r glaw yn bwrw'i ddagrau dros y fan.

Torch
a'i lliwiau'n
sgrech o ansoddeiriau
a'r perthyn yn eu persawr.

A geiriau'n
betalau brau
yn gwywo ar y gwifrau.

Phyllis Evans (Manion o'r Mynydd)

Pam

Paham,
yn nyddiau poliestr
ac oes y lluchio i'r bin,
rwy'n ddiwyd gyda'm bodgyn –
   o dan a thros,
   yn ôl a blaen,
   bwyth ar ôl pwyth
yn brodio?
Gallaswn wagsymera
neu hyd yn oed fynd am dro
i brynu sanau newydd.
Gallaswn lunio cerdd.

Ai am
fod gafael rhyw hen arfer
neu gyni yn y genynnau,
darbodaeth fy nghyn-neiniau
yn llifo yn fy ngwaed,
neu ynteu am fod tyllau
yn brifo fy synhwyrau
ac am fod codi pwyth
yn rhwyddach na chanfod gair?

Ai am
wrth weld fy mamiaith
mor frau,
yn rhaflo'n fratiaith
a'm deunydd crai yn datod
a darfod dan fy llaw,
fod trwsio twll mewn hosan
yn llai o boen a chanmil haws,
yn bendant yn fwy buddiol
na thrwsio cerdd?

Enid Wyn Baines (Glannau Llyfni)

60

Ias

(wrth sefyll ar glogwyni Ceibwr, ar arfordir Sir Benfro)

Pan na fydd min awelon haf
    Yn lleddfu haul Mehefin,
Bydd awch ar flas yr oedi braf
    A llonydd aur yr eithin.

Pan ddaw y storom 'nôl i rym
    A'r haul ar drywydd estron,
Fe blyg y drain i'r chwipiwr llym
    A yrr y byd i'r cyrion.

Boed chwyrn yr eigion yn y bae,
    Boed ddistaw fel y merddwr,
Mae ystod byw – mwynhad a gwae –
    Ar grib clogwyni Ceibwr.

Terwyn Tomos (Beca)

O Ddydd i Ddydd

Ar drofa Ffordd y Coleg
A'r gwynt yn lliwio'i grudd
Fe ddaliodd hi fy llygaid
Trwy lwydni Tachwedd prudd,
A'i hanner gwên cyn troi ei phen
Mor swil â'r haul yn Sili-wen.

Gwasgai ein bysedd amser
I ddal pob cyfle gwyn.
Aeth dydd yn fis, a blwyddyn
Yn ddeg ar hugain syn,
A brys yr holl dymhorau briw
Yn lliwio rhwd ei hwyneb triw.

Gareth Williams (Tir Mawr)

Ofn

Bu'n fis o benawdau yn dymchwel
ar ein pennau. Sment a breuddwydion
yn domennydd, yn ddagrau a rwbel,
a geiriau'n gwaedu yn nwylo dynion.

Mis o dwrio â'n bysedd am ystyr,
a gwrando griddfannau yn obaith:
o edrych i'r awyr, a'r awyr
yn dawelach, a'r tawelwch yn artaith.

Ond pan oedd muriau chwâl ar weddïau
fe gollwyd, wedyn, bob peth, bob rheswm;
pob iaith aeth yn ddiarth, pob litani'n ddarnau,
pob athroniaeth yn fud, pob cerdd yn rhigwm.

Dafydd John Pritchard (Y Cŵps)

Efeilliaid

Yr oedd y ddau 'run boerad
   Yng ngolwg llygaid byd
Ond yr oedd un a wyddai
   Pa un oedd p'un o hyd.

Ond pan ddaeth dydd y gollwng
   A sain y gnul o'r tŵr
A'r fro yn tynnu llenni
   'Doedd hithau ddim yn siŵr.

Pa un ai gwên ai dagrau
   A weddai i angau dall,
Galaru am a gollwyd
   Neu ddiolch am y llall.

Raymond Osborne Jones (Ffair-rhos)

Traeth

(wedi cael adnabod hen chwaer hyd at ei marw
yn ei nawdegau)

Weithiau dôi awr i ddwyn ynghyd ein llwybrau:
dwedai ei hwyneb fod awel ein prynhawniau
yr un mor fêl o fwyn i'w chalon hithau.

Buom drwy lawr y glyn, dros ambell esgair,
soniai am ddyddiau haul, a chawod gesair,
ar dro drwy'r dwys, a llawer tro drwy gellwair.

Yna i'r goriwaered yn y misoedd llesgedd,
ei chof yn drysu yn nhroadau'r llechwedd,
a'm geiriau yn ddigyrraedd uwch ei gorwedd;

nes dod at furmur tonnau yr anwybod:
clywais ochenaid, fel rhaff y cwch yn datod;
hithau i'r môr, a minnau'n ôl drwy'r tywod.

John Gwilym Jones (Penrhosgarnedd)

Cyfaill

Dau wyneb yn tebygu,
Dwy law yn cydio'n dynn,
Y naill ar drothwy bywyd
A'r llall a'i wallt yn wyn.

Ac wrth i un heneiddio
A'r llall yn tyfu'n iau
Mae bwlch o ddwy genhedlaeth
Rhwng taid a'i ŵyr yn cau.

Ken Griffiths (Tan-y-groes)

Mwg

Dan genllysg y cyfryngau
ni allem osgoi
rhag gweld a gweld
y mwg pygddu
yn esgyn o 'sgerbydau'r tyrau
yn y strydoedd syfrdan
wedi'r cyrch gwallgof
un Medi hanesyddol.

Gwelsom hefyd
wedi'r cyrchoedd cyfiawn
gip brysiog
ar amlosgfa o wlad
a chrocodeil o gerti
yn ymlusgo'n syfrdan
drwy ludw'r llid
i anwybod rhyw unlle digroeso.

Cyn gwrando
ar rethreg yr Epilog
fod rhagor rhwng mwg a mwg
mewn gogoniant.

T. R. Jones (Preseli)

Englynion Cywaith

Gallu

A'r awyr heno'n rhewi – a'r eira
    Mor oer, y mae'r lili
    Yn ôl ei hen angen hi'n
    Y pridd yn para i weiddi.

Y Garfan

Cyfrinach

(Merch ifanc yn gweld canlyniad prawf beichiogrwydd)

Yn nychryniad dechreunos, unig wyf
    ac mae'r gwir mor agos;
    mae'n hwyr, a minnau'n aros
    i'w rannu â neb ond â'r nos.

Y Taeogion

Cegin

('Tŷ heb dân, tŷ heb groeso' – Gerald, Yr Ysgwrn)

Er ei glwyf yn y dŵr glân, – er y gwres
    a'r graith ar y pentan,
    er hen stori'n ystwyrian,
    yr wyt ti yn cynnau'r tân.

Y Sgwod

Gwên

Y mae'r heulwen pan wenir – yn aros
   Nes try geiriau anwir
  Yn wylo; yna gwelir
  Nad yw gwên yn dweud y gwir.

Llanbed

Gwên

(Gwên fab Llywarch Hen yn Rhydforlas)

Yma'n gaeth y mae hen go'; – hen ofid,
   Hen glwyfau heb geulo,
  Ac mae'r gwaedlif yn llifo
  Ynom oll o'i archoll o.

Ffair-rhos

Geiriadur

Ei eiriau'n ddigyfaredd, – arhosant
   Yn rhesi diddiwedd
  Am glec a chân cynghanedd
  Y bardd i'w codi o'u bedd.

Llansannan

Dirwy

(i'r ymgyrchydd iaith)

Er rhwydded fy ngheryddu, er ei rhoi
    mor rhwydd wrth ddedfrydu,
     'run mor rhwydd yw'r sicrwydd sy'
    Na thawelaf o'i thalu.

Y Taeogion

Blodyn

Yn wên rhwng tudalennau, – heb bersawr
    mae parsel ein hafau,
    a heddiw, mae ei wreiddiau
    yn dal i'n cydio ni'n dau.

Yr Howgéts

Blodyn

O lwyr wirioni ar lun – a natur
    Pob petal o'i gynllun,
    Onid oes yng nghalon dyn
    Y rhaid i'w sathru wedyn?

Waunfawr

Seiren

(Streic Dynion Tân)

Er mor ddyfal fy ngalwad Naw, naw, naw
   Yn y nos, mae'n afrad
  Lawr y lein, am na chlyw'r wlad
  Yr un seiren yn siarad.

                        Y Sgwod

Sgandal

Er ysblander y seren, bu erioed
   Sibrydion stryd gefen
  Hwyr y nos fod morwyn wen,
  A fu'n wyryf, yn hwren.

                        Y Taeogion

Matsien

Pan fo hon yn gwreichioni – a'i thafod
   eithafol yn coethi
  i danio'n ôl ein hen dai ni –
  yn ei gwres mae goroesi.

                     Penrhosgarnedd

Y Samariaid

I'm cynnal pan fo'r galw – yn yr hwyr
    fe ddaw rhai i'm cadw;
  daioni o hyd ydyn nhw,
  y daioni dienw.

Y Garfan

Y Samariaid

O gyrraedd pen fy nhennyn – wy'n diolch
    Yn dawel fod rhywun
  Ar y lein a'i air a lŷn
  Yn obaith rhag y dibyn.

Beca

Addurn

(Castanwydden y meirch ym Mai)

Lluniaidd yw lliw ei hwyneb – a'i hallor
    Ganhwyllau'n dlysineb;
  Eto'n goeden sydd heneb
  Aeafau'n hŷn na chof neb.

Penllyn

Ofn

Hwyrach na fyddaf barod – i dderbyn
    Fy nherfyn anorfod,
  Ond gwn y bydd dydd yn dod
  I wynebu'r anwybod.

Bro Ddyfi

Ofn

Â hyder, ddechrau Medi, af i'r iard,
    Af ar ras heb ofni
   Hawlio'r bêl o law'r bwli –
   Onid yw Mam gyda mi?

Y Taeogion

Cwsg

Dy hil sy'n teimlo'r dolur, – erbyn hyn
    Mae'n hwyr a digysur;
   Pob maes, pob ffynnon, pob mur
   A werthwyd. Deffro, Arthur!

Ffostrasol

Ystlum

Gwibia'n ysol o Annwn i'n chwennych,
    Chwa enaid y meirw'n
   Suddo'i safn waedlas, ddi-sŵn
   Yn nwfn yr hyn a ofnwn.

Aberhafren

Llythyr at Berthynas

Annwyl ŵr,
        Rwyf gyda Len yn Taiwán
    Mewn hotél bum seren.
Heb os, mae'n priodas ar ben.
Nawr, hwyl!
      Yn gywir,
          Olwen.

Ffostrasol

Terfysgaeth

Wedi awr y dihirod, wedi'r waedd,
    wedi i'r weddi ddarfod,
    yr un yw hyder Herod
    a'r un boen fydd 'fory'n bod.

Y Garfan

Terfysgaeth

Y bychan tu allan i'r tŷ'n cynnig
    Pres cinio dan grynu
    Bob bore i'r hogie hy
    Yn ernes rhag ei ddyrnu.

Aberhafren

Beddargraff Hyfforddwraig Ioga

Ddydd y Farn, am iddi fyw i'w heitha'n
    ystwytho'r ddynolryw,
  o raid ei mantra ydyw
  y weddi hon: 'Plyg fi, Dduw!'

Y Taeogion

Cosb

Mi wn o'r gorau fy mod – yn euog;
    er dianc am gyfnod,
  anodd iawn fydd imi ddod
  i wynebu 'nghydwybod.

Waunfawr

Cydymdeimlad

(i'r Fam Teresa a fu farw ar yr un pryd â Diana)

Marw'n ddinod mewn tlodi, – a'i huno
    Dibennawd yn profi
  I fyd ei hangofio hi
  Yn hysteria'r tosturi.

Aberhafren

Cydymdeimlad

(i rieni plentyn marw-anedig)

Mae pob englyn a luniwn yn wag, wag,
    a phob gair a ddwedwn
  yn ddolur, am na ddylwn
  ganu'n iach i'r geni hwn.

Y Taeogion

Pardwn (Dic Penderyn)

Daw dydd y bydd a'i baeddo – yn findeg
    Dros gyfiawnder iddo,
  Ond tra rhaff rhy hwyr bob tro
  Gwrogi'r neb a grogo.

Crannog

Ymfudo

(Un bore llwyd yn 1948 cyrhaeddodd llong yr
Empire Windrush *ddociau Tilbury. Arni roedd 429 o
deithwyr o Jamaica. Dyma don gyntaf yr ymfudo
mawr o'r Caribî.)*

O'u hôl roedd traethau melyn a heulwen
    eu hil, hwythau'n canlyn
  drwy'r niwl ar dir hen elyn
  y bywyd gwell mewn byd gwyn.

Penrhosgarnedd

Byddigions

Iddynt rhoddai nain bob blwyddyn – y rhent
    Am yr hawl i'w thyddyn;
    Ysywaeth, pan aeth yn hŷn
    Aethant â tho ei bwthyn.

Llanbed

Pâr

Bûm wyneb yn wyneb gynnau ag un
    a gâi bleser weithiau
    o ddweud wrth y llall o'r ddau
    ynot yr ydwyf innau.

Dinbych

Llestr

(Blwch Pleidleisio Ceredigion)

Mae ei enau, er meined, yn siarad
    dros sir ac rwy'n clywed
    yn ei lais, waeth beth fo'i led,
    gegau main y gymuned.

Y Taeogion

Ffedog

(yr Urdd Oren)

Os gwae'r hil a'i chywilydd – a bwythwyd
    Hyd byth arni'n gelfydd,
  Edau hon sy'n raflio'n rhydd
  A dwfn yw rhwyg ei defnydd.

Bro Alaw

Trydan

(i'r Gwyddelod yn Twickenham)

Rywsut pan rennir iasau yr ennill
    ar hwn, o'r holl gaeau,
  am eiliad mae'r cyndadau
  hwythau'n rhydd yn Athenry.*

* *Mae'r gân werin 'The fields of Athenry' bellach yn anthem
answyddogol cefnogwyr rygbi Iwerddon. Mae'n adrodd
hanes Gwyddel ifanc yn cael ei anfon yn garcharor i
Botany Bay adeg y Newyn Mawr.*

Y Taeogion

Pentref

Anodd cadw cyfrinach, – ac anodd
    Osgoi hen gyfeillach,
  Ond rhywfodd llawn anoddach
  Fai byw heb fy mhentref bach.

Bro Cernyw

Cadair

(y bladur)

A llafur y pladurio – i hen gof
    Yn gae ifanc eto
   Daw 'sgubau'r hydrefau dro
   Yn rhy amal i'w rhwymo.

Crannog

Bimbo

Hynod ddirmygus ohoni – yr wy'
    yn ei rhywiol noethni;
   Rhagfarn a sen rof arni
   Ond trof i dudalen tri.

Y Dwrlyn

Teithiwr

Neithiwr â'r dŵr yn 'stwrian – yn y bae
    cawsom bwll y bychan
   yn ddifywyd a mudan;
   aeth y môr â'r pethau mân.

Tal-y-bont

Rheswm

Chwilio rhywrai i'w beio – a wna dyn
    Pan ddaw'r dinistr heibio;
  Yswiriant i gysuro
  Bywyd trist yw'r 'Pam?' bob tro.

Crannog

Rheswm

Ai'r don a'i grym syfrdanol, neu wylo
    anwyliaid y bobol
  yn y mwd, heb ddim o'u hôl,
  yw sŵn y Duw absennol?

Y Cŵps

Beddargraff Plymer

Ymhell o ffrwd pibelli – heb orlif
    na bwrlwm boileri,
  yn dy glai sŵn gwidw glywi'n
  'whilo tap dy waled di.

Llanbed

Cymuned

Unwaith yr oedd pob wyneb – yn y lle
    Yn llawn o sirioldeb;
  Erbyn hyn i'r gwrthwyneb,
  Nid wy'n awr yn 'nabod neb.

Bro Cernyw

Dresel

Celficyn y bwthyn bach – yw addurn
    tai'r bonheddig bellach
  a'i dderi a'i lestrïach
  rhagor yn cael croeso'r crach.

Ffair-rhos

Cofio

Ynof y mae rhyw dannau – yn tiwnio
    Heb eu tynnu weithiau,
  A daw, o'r melodïau,
  Fy neigryn am delyn dau.

Penllyn

Drws Cefn

Ni faliwn am 'run cyfweliad – a 'doedd
    fy mod i'n ddibrofiad
  yn ddim, a chaf ddyrchafiad
  a nhw yn 'nabod fy nhad.

Dinbych

Damwain

Paid holi pam fod petalau wrth wal
    lle'r aeth un i'w angau,
  a'th sbîd mor ddi-hid o'r ddau
  wahanwyd yma gynnau.

Y Garfan

Achub

(Canmlwyddiant Diwygiad Evan Roberts, 1904)

O le i le mynd drwy'r wlad – i'n hachub
    Rhag pechod fu'r bwriad
    Ond mae seddau temlau'r Tad
    Yn wag serch y Diwygiad.

Crannog

Erthyliad

(Ymson meddyg)

Mam sâl a mi'n moesoli, – ai ŵy bach
    Ai bod byw'r beichiogi?
    Mae'r Pab am achub babi
    Ond y fam a arbedaf i.

Bro Ddyfi

G8

(i George Bush)

Er gwenu'n llawn adduned – a siglo'r
    Dwylo, y mae dyled
    Y meirw oll ym mharêd
    Y dyn euog diniwed.

Y Glêr

G8

Pan fydd gwledydd goludog – yn dyfod
    I drafod yr hafog
  Yn y rhai llwm, bydd gwawr llog
  Y rhai gwan ar y geiniog.

Crannog

Beddargraff Llysieuwr

Hawliodd wrth fwyta'i ddeiliach – na welai'r
    Un salwch, a bellach
  Y fo ydyw'r mwyaf iach
  Ym mynwent Stryd y Mynach.

Waunfawr

Cyfraith

Er y gwn am ddrygioni, – nid o fyd
    A'i farn y daw'r cosbi;
  Llys mewnol yw'r croesholi,
  F'erlyn fy hun yr wyf i.

Ysgol Y Berwyn

Llinach

Wrth ddilyn y brigyn brau – o'i ddeilen
    Eiddilaf drwy'r oesau,
  Weli di iaith, fesul dau'n
  Agor rhoddion ein gwreiddiau?

Y Glêr

Oed Tywyll

Daliodd, y noson honno, – yr eneth
    A rannai ei groeso,
   A'r un modd fe ddaliodd o
   Y ddynes nad oedd yno.

Crannog

Peswch

(ym Medi)

Y mae'r llafar weithgarwch yn dawel,
    A gorwel brogarwch
   Yn dywyll iawn am fod llwch
   Haf y maes yn fy mheswch.

Y Glêr

Y Dydd Hwyaf

Wastad er iddo estyn – golau haf
    Hyd eithaf y pwythyn,
   'Run fath â'm siwrnai fy hun
   Byrhau mae'r edau wedyn.

Crannog

Niwl

('The war in Iraq is really about peace' – George W. Bush)

Mae iasau eu hamwysedd yn garthen
    Dros bob gwarth, a'u hanwedd
   O dwyll, wrth genhadu hedd,
   Yn glynu wrth gelanedd.

Penrhosgarnedd

Crefft

(Tanni Grey-Thompson)

Mae'r dur ym mêr y dewrion – yn herio
    A'u gyrru i eithafion.
   Undarn â haearn yw hon,
   Hi ei hun yw'r olwynion.

Llanrug

Efaill

Yr un wyneb a'r un anian – yn dal
    rhwng dau'n llinyn arian;
   hanner yw, dyna ei ran,
   yn efaill nad yw'n gyfan.

Waunfawr

Llinach

Yn y gadwyn o goeden – hynafol
    Yr wyf megis dolen,
   I ryddhau nerth rhuddin hen
   Yn newydd o fewn cneuen.

Tan-y-groes

Antur

Mae nodwydd mewn munudyn – ar allor
    y chwistrelliad sydyn
   yn gyffro sy'n deffro dyn
   a'i adael i lawr wedyn.

Dolgellau

Bardd

Un a wêl y manylyn, – un am weld
    yn y mynd diderfyn,
   un ydyw'n aros wedyn
   nes ei weld â'i lais ei hun.

Y Sgwod

Awdurdod

Nid oedd fferins na phinsiad Mam i'w chnaf,
    Na'i gwaethaf fygythiad,
   Yn drech nag un edrychiad
   Dwfn a hir o du fy nhad.

Aberhafren

Halen

Er i ing llyncu'r angor – ado'i daid
    A'i dad ar eu helor
    Drachefn fe fynnai'r cefnfor
    Alw'r mab yn ôl i'r môr.

Crannog

Teyrnged

Heb os mae geiriau o barch yn addas
    wrth roddi dan dywarch
    ond mae un rhosyn ar arch
    yn cofio mwy na'r cyfarch.

Dinbych

Elw

Mae elw ac elw i'w gael – a rhyw werth
    Yn y rhoi a'r caffael,
    A'r ddau brofiad yn gadael
    Mwy o'u hôl na'r symiau hael.

Beca

Cynildeb

(ein cyndadau)

Anodd yw gweld o'n dyddiau gwyn – eu byd
    Darbodus un enllyn,
    A'u rhaid taer ar amser tyn
    I uno'r ddau benllinyn.

Bro Ddyfi

Llawenydd

(Buddugoliaeth Tîm Rygbi Cymru)

Mae co' hir am siom cyhyd – a ninnau
    Yn wan dan ein penyd;
    Yna fe ddaeth dwy funud
    A dau bwynt i newid byd.

Tan-y-Groes

Rhy Hwyr

Er udo am yr adeg – cyn i waedd
    Ein cnawd dewi'n osteg,
    Mae'n rhy hwyr a'm henw'n rheg
    Ynot, lle bu'n delyneg.

Ar y Ffordd

Pam?

O'r nef yn enw crefydd – y daethont
    Ar daith o gywilydd;
    Duw a dyn ar adenydd
    A'r diawl wedi hawlio'r dydd.

Tan-y-groes

Dial

Am unwaith, Grist fy mynwes, maddau im
    am ddweud yn fy nghyffes
    yn yr hwyr â'r beddau'n rhes
    mai haws yw cyfraith Moses.

Y Taeogion

Dial

Ni wn pam. Am bob camwedd welwn ni,
　　Talu'n ôl yw'r duedd.
　Trwy'r byd onid torri bedd
　Wna dial yn y diwedd?

Preseli

Gwledd

O oes i oes fe fu croeso i bawb
　　At y bwrdd i gofio
　Fod i'r Iesu dalu, do,
　Â hoelion drwy ei ddwylo.

Merched y Wawr Dyfed

Cwpan

Yn y co' erys caeau – oes a aeth,
　　Ond ar silff 'mysg tlysau
　Fy mhentan, cwpan y cae
　Sy' yno'n faes o enwau.

Crannog

Cwpan Te

Bu hwn yn gysur beunydd – a gwresog
　　Ei groeso'n dragywydd,
　Yn llenwi awr llawenydd,
　Yn iro briw yr awr brudd.

Tan-y-groes

Prinder

Roedd ceiniog yn geiniog gynt – o'i hennill,
    Yn galennig iddynt,
Heno mae pawb ohonynt
Yn wfftio cael bobo bunt.

Ffair-rhos

Dyfais (Taflegryn)

Heddiw yn ddiwahoddiad – aeth ar strae,
    Daeth i'r stryd yn gennad
Dros y glew fyn dreisio gwlad
I roi iddi 'wareiddiad'.

Criw'r Ship

Buddugoliaeth

Ar wifren, uwchlaw'r gwenwyn – a'r galar,
    yn ddirgelwch addfwyn,
y daw eu trydar, a dwyn
i ninnau ddarn o wanwyn.

Penrhosgarnedd

Dyddiadur

Fe gei agor ei gloriau i weled
    Holl heulwen dy ddyddiau
Ac eilwaith deimlo golau
Y Mai dywynnai rhwng dau.

Y Moelwyn

Big Issue

Heno yn eira Ionawr y mae ing
    ac mae angen dirfawr;
  ar stryd y siopau drudfawr
  newid mân wna newid mawr.

Criw'r Ship

Targed

Ni welai wrth anelu'n – ofalus
    at filwr o hogyn
  y twyll a fynnai nad dyn
  a welir ond y gelyn.

Waunfawr

Gêm

(Bywyd – hen wraig yn siarad)

Y mae'r loes yn un oesol; i minnau
    Daeth angau yn ingol.
  A ydyw Duw yn didol
  Y rhai iau, a mi ar ôl?

Merched y Wawr Dyfed

Llongyfarchiadau

(ar enedigaeth plentyn)

Rhown ein gwên uwch dy eni – ac unwn
  â gwên dy rieni;
 gwenwn, ond cofiwn gyni
 y daith sy'n dy ddisgwyl di.

Penrhosgarnedd

Ymddiriedaeth

Oherwydd camau hirach y rhiant
  ger y rhai ifancach,
 i allu mynd ymhellach
 mewn llaw fwy mae un llaw fach.

Y Taeogion

Tanwydd

Fe droes y pnawn ar y fawnog – yn lladd
  Gyda'r llafn anwesog
 Yn lladd am ddim byd ond llog
 Olew hawdd y celwyddog.

Caernarfon

Papur Newydd

Hanner gwir yw'r du a'r gwyn, – hanner gwir,
  A'r geiriau fel 'menyn;
 Er lleied ydyw'r hedyn,
 Hanner dweud – a chredu hyn.

Manion o'r Mynydd

Gêm

('Snakes and Ladders' – gêm bywyd)

Hen fwgan anorchfygol – ydyw'r neidr,
    hen ofn mor naturiol;
    wedi esgyn dy ysgol
    rhaid llithro eto yn ôl.

Y Garfan

Gwobr (Marathon Llundain)

Nid arwriaeth, nid yr arian – na'i wefr
    Na'i fwynhau ei hunan,
    Ond helpu, i ryw druan,
    Yn sgîl y ras, gael ei ran.

Penrhosgarnedd

Rhwystr

Ei briw sy'n fy nghaethiwo; ni allaf
    i bellach ffarwelio;
    yr wyf yng ngafael fy mro
    A'r dal yn gwynnu'r dwylo.

Dinbych

Maddeuant

O'r ddinas i'r draffordd unig adref
    y crwydrai'n golledig,
    a dwylo'i Dad, fu'n dal dig,
    yn gwaedu'r llo pasgedig.

Penrhosgarnedd

Ofn

(o weld plentyn yn magu adenydd)

O'i herwydd hi rwyf ar ddi-hun heno,
    Hi'n mynnu troi'r terfyn
  Yn adwy, a gweld wedyn
  Ynddi hi y fi fy hun.

Manion o'r Mynydd

Dyn Glanhau Ffenestri

Rwy'n diolch am gael golchi – hyn o faw'n
    Fynych o'ch ffenestri,
  Os caf, ond ni fentraf i
  I'r llanast hwnt i'r llenni.

Waunfawr

Tandem

O gyson bedlo'n ddi-ball – yn y cefn
    Cyhyd, hawdd yw deall
  Heddiw'n hawydd anniwall:
  Hawlio'r llyw o ddwylo'r llall.

Penllyn

Anne Robinson

Do, ystyriais werth dy stori'n fanwl
    Am ryw funud, wedyn
  Geiriais ymateb gwerin
  A dwedyd: 'Ann – twll dy din!'

Y Taeogion

Maddeuant

Aros am ymddiheuriad wnawn erioed
    Cyn ei roi, ond dŵad
  Wnaf yn wir i dŷ fy Nhad
  A'i gael yn ôl disgwyliad.

Tir Mawr

Yfory

Daw Huwcyn, derfyn pob dydd, – i hybu
    fy ngobaith o'r newydd
  a'i freuddwyd hyd foreddydd
  am wawr wen rhyw Gymru rydd.

Glannau Llyfni

Traeth

Y mae 'na draeth ym mhen draw un – y dydd
    Lle nad oes ond ewyn
  Yn darfod, ac i'w derfyn
  Y doi ar dy ben dy hun.

Manion o'r Mynydd

Gwerth

O Fynydd y Gylfinir – hen yw'r haul
    Ar orwelion pentir;
  Am hyn oll, a phob maen hir,
  Arian mân a ddymunir.

Tir Mawr

Gwerth

Maen ar faen yn aelwyd fu – i werin
    waraidd yr hen deulu,
   ond ta waeth, heddiw mae'r tŷ
   i'r ariannog i'w brynu.

Waunfawr

Cadair

Ni, wareiddiad y llofruddio, – anodd
    Yw inni esbonio
   Dyneiddiaeth dienyddio
   A'r daith ar hyd y 'Death Row'.

Bro Ddyfi

Troed

Mae ôl troed ar ymyl traeth – fel enw'n
    Diflannu. A hiraeth
   Fyddai i mi'n gwmnïaeth,
   Ond gwn i pa droed a'i gwnaeth.

Caernarfon

Jiwbilî

Aur y gwan yw'r rhubanau – yn y gwynt
    uwch gwaedd y dathliadau,
   eto yn aur sy'n tynhau
   gwerinoedd wrth goronau.

Tir Mawr

Jiwbilî

Mae rhodres ymerodraeth ar y stryd
    er strach y Frenhiniaeth.
  I ddathlu awr rhyw wawr aeth
  rhown aur yng nghoron hiraeth.

Penrhosgarnedd

Dallineb

Gwn, falle bod drygioni – dan dy wên
    ond yno yn cronni
  ni welaf wg y bwli
  am mai dy fam ydwyf fi.

Y Sgwod

Eco

(wrth wrando hen recordiau)

A minnau'n mwytho'r cloriau, oni chlywn
    uwchlaw hen grafiadau
  nodau hud o hanes dau
  yn galw o'r rhigolau?

Penrhosgarnedd

Eco

(Aber-fan)

Er i glais llechweddau'r glo – yn fan hyn
    Dyfu'n wyrdd, 'does guddio
   Ar blentyn sy'n atseinio
   Hynt y cwm a phlant y co'?

Waunfawr

Cawl

Weithiau daw llysiau llesol – o ardd fach
    Ffordd o fyw werinol
   A llwy bren o'r gorffennol
   Ym min hwyr â Mam yn ôl.

Crannog

Baner

Nid oes yma neb ar dân – i'w noddi
    Gyda chledd a tharian;
   Ai ofer ei chyhwfan
   Yn y gwynt yng Ngwlad y Gân?

Bro Cernyw

Adwy

(Ronnie Biggs)

I ryddid sleifiaist drwyddi, ond â nos
    yn dynesu, Ronnie,
  o'r gorwel, dychwel wnest ti
  i'r rhyddid nas cyrhaeddi.

Y Taeogion

Adwy

Nid oes dicter Cilmeri – yn y gwynt
    Na gwaed ar y perthi;
  Yn ein hoes ddisafiad ni
  Rhy hawdd yw dyfod drwyddi.

Crannog

D.I.Y.

Dwed llyfryn mai dim ond unwaith – y trown
    At yr uniad perffaith;
  Er hyn, i'r crefftwr uniaith,
  Rhoi dwy sgriw yw dysgu'r iaith.

Y Sgwod

Rhybudd

(Meibion Glyndŵr)

O dan garthion estroniaith – ein hoff wlad
    cariwyd fflam ein heniaith
  i her y gell lawer gwaith
  i ailgynnau'r hil ganwaith.

Dolgellau

Y Brodyr Kray

Eu hen enwau annynol – a oeda
    Drwy'r byd tanddaearol;
  Oeda'r ofn o hyd ar ôl
  Dau efaill penna'r Diafol.

Crannog

Y Brodyr Kray

(trwy lygaid yr East End)

Â hwy'n hogiau, carem hogi'r llafnau
    llyfnion a'u maldodi
  yn ein hofn, nes troesom ni'n
  hefeilliaid yn fwyelli.

Y Taeogion

Barn

Ein gyrru gawn gan gerrynt pob piniwn,
    ein penyd yw'r croeswynt;
   trown yn awel pob helynt,
   dewrion sy'n gwyro'n y gwynt.

Penrhosgarnedd

Delwedd

Y modd i droi ansoddair – yn wyneb,
    Yn eneiniad disglair,
   A'u gwau â llun yn gywair
   A'i ddweud i gyd heb ddweud gair.

Waunfawr

Allwedd

Bellach mae allwedd ei feddwl ar goll
    A'r gair o dan gwmwl
   A daw poen i'w lygaid pŵl
   O 'nabod neb o gwbwl.

Merched y Wawr Dyfed

Gweddi Plentyn

Ein Tad, rwy' i a Tedi – yn gofyn,
    Yn gofyn dros Mami,
   O'r wlad bell plîs a elli
   Gael Dadi'n ôl i'n gwlad ni.

Crannog

Cawl

Nid llond llwy o arlwyaeth – a welais
    ond powlen magwraeth
    hyd y fyl â'i llond o faeth
    hen esgyrn ein cynhysgaeth.

Llanbed

Deuawd

Hen elynion eleni – a welant
    Ddialedd yn corddi;
    Deuawd o waed ydyw hi,
    A deuawd na fyn dewi.

Tre-garth

Ionawr

Dalen wen wyt ti o hyd – heb i inc
    Mân bynciau ein bywyd
    Na sgribl ein hanes crablyd
    Staenio'n gobeithion i gyd.

Manion o'r Mynydd

Cefn Gwlad

Dan olau'r neon llonydd – mae degau
    o gymdogion newydd
    wedi dod i'n diwedydd,
    a dod i newid ein dydd.

Glannau Llyfni

Ffurflen

Un ffurflen ar ddiwrnod geni – fy nhad
    Fu 'nhaid yn ei llenwi;
   Gwyn ei fyd, mae gennyf i
   Filiynau o ffurflenni.

Bro Ddyfi

Y Gyfraith

Yn fanwl ar lechfeini – y naddwyd
    Ei rhybuddion inni;
   Yna'r Oen ar Galfari
   A anwyd i'w chyflawni.

Tegeingl

Chwithdod

I oen newydd ei eni – yn holliach,
    ni allaf eleni
   cyn it wybod dy fod–ti
   addo dim ond dy ladd di.

Y Garfan

Englyn ar Grys T

(Rhedwr Marathon)

Ni hidiaf am 'run fedal yn y ras
    tra bo'r her i'm cynnal
   at fan tu hwnt i'r ana'l
   tua'r wên tu hwnt i'r wal.

Y Taeogion

Cwestiwn

Yn awr, oes hawl i siarad – yn onest
    Yn wyneb mewnlifiad?
    Ai hiliol yw sôn am wlad
    A'i hawliau, cyn etholiad?

Crannog

Urddas

Neithiwr dy gyfarch yn barchus – a wnaem,
    Yn ŵr anrhydeddus;
    Wedi oriau pryderus,
    Un wyt i bawb bwyntio bys.

Penllyn

Tandem

Gwibio hyd lonydd gobaith – yw'r canlyn,
    Pob gewyn yn gywaith,
    Ond o ddolur llafurwaith
    Yr â dau yn un drwy'r daith.

Manion o'r Mynydd

Ieuenctid

Mae hwn fel nant y mynydd, yn orlawn
    O fwrlwm llawenydd
    Diwybod o'i ddod rhyw ddydd
    Yn hen, fel aber lonydd.

Llansannan

Catherine Zeta-Jones

Er iddi fynd o briddyn – ei hen fro
    I ardd fras dieithryn
   Ym mro yr haul, dyma'r un
   Agorodd yn flaguryn.

Tan-y-groes

Patrwm

(Y Cwlwm Celtaidd)

Y llinell sydd yn llinyn – o gylchoedd
    Ar gylchoedd diderfyn
   A red o'n cwmpas wedyn
   Yn gorlan i'n dala'n dynn.

Crannog

Cartref

Mae'n fin nos; rhaid iddi osod – y bwrdd;
    Rhaid cael bwyd yn barod
   I ddau; rhag ofn iddo ddod
   Heibio o'i hisymwybod.

Manion o'r Mynydd

Argyfwng

Yn nhywyllwch cnewyllyn y mae her,
    ond ymyrrwn wedyn
   â chod cyfrin y llinyn,
   datod y Duwdod Ei Hun.

Y Cŵps

Max Boyce

Er dy oggi-oggi was, Duw a ŵyr
    nad oes ar y teras
    ganeuon ffydd nac un ffas
    na dur mewn hymns and arias.

Y Taeogion

Ogof

Wrth i'r goludog berch'nogi – ein tir
    A'n tai a'u hailenwi
    Mae 'na ogof ynof fi
    Sy'n cwato'r Twm Siôn Cati.

Crannog

Rhybudd

(i'r doethion wrth gyrraedd Bethlehem 2003)

Ymaith, o'r dre ddigymod, ewch o hyd
    Rhag i chi mewn syndod
    Weld taw seren wen eich nod
    Yw'r Seren at ddrws Herod.

Y Taeogion

Amynedd (Hen Ŵr)

Wedi taith hirfaith mae'n erfyn y nos
    Wrth nesu i'w derfyn;
    Dod i'r oed â'r hwyr ei hun,
    Dod i'r oed â'r wawr wedyn.

Y Garfan

Amynedd (Crëyr Glas)

Oedi mewn clwstwr gwiail – i aros
   Oriau am ei ysbail,
  Un goes o dan ei gesail
  Yn mynnu hoe am yn ail.

Aberhafren

Halen

Mae 'na halen mewn wylo, – y mae mwy
   na llond môr ohono,
  ond rhaid i ti ei grio
  i allu dweud mor hallt yw o.

Y Sgwod

Pin

(Personal Identification Number)

Mewn byd lle'r ydym yn 'bwy?' dienw
   a diwyneb fwyfwy,
  cyfrif pedwar rhif yr wy',
  pedwar sy'n dweud pwy ydwy'.

Y Taeogion

Llestr

Er blys yr holl wefusau – a'i sipiodd
   Yn Swper yr oesau,
  Rywsut, er maint yr eisiau
  Ei win Ef nid yw'n prinhau.

Beca

Dringo

O chwennych copa uchel a'i gyrraedd
   yn gawr, ceisia 'mochel
  yn is beth, a chymer sbel,
  gyfaill, rhag colli gafel.

Dinbych

Amser

Gynnau, a mi'n fachgennyn – onid oedd
   y dyddiau'n ddiderfyn?
  Eu gweled mor fyr wedyn
  yn dilyn hers hyd lôn hŷn.

Tywysogion

Proffwydoliaeth

Mae arwydd y bydd y Meuryn heno'n
   hynod, hynod gyndyn
  i roi wyth am unrhyw un
  o arlwy perlau'r Dwrlyn!

Y Dwrlyn

Coed

(ym Mis Mai)

Un waith, roedd mastiau noethion yn y cwm
   A phob cwch yn deilchion,
  Yna saer y llynges hon
  'Laesodd ei hwyliau gleision.

Tir Mawr

Braw

Nid ofn gweld diwedd yn dod, nid y rhwyg,
 nid y rhaid anorfod
 Ond, byddarol fuddandod
 yr eco o beidio â bod.

Aberhafren

Camp

(y gamp o sefydlu heddwch yng Ngogledd Iwerddon)

A llond ystâd o hadau'n addewid
 o ddiwedd hunllefau,
 o ddydd i ddydd un neu ddau
 a egina drwy'r gynnau.

Prydyddion PCA

Cysgu'n Hwyr

*('Pan fydd ieithoedd lleiafrifol dan fygythiad, y
siaradwyr brodorol yn y cadarnleoedd yw'r rhai olaf
i synhwyro hynny fel arfer' – Joshua Fishman)*

Da yw'r cwrlid rhag hirlwm, hen hanes
 yn nannedd pob gorthrwm
 ydyw'r troi dan flinder trwm
 'nôl i orwedd drwy'r larwm.

Penrhosgarnedd

Tŷ Gwag

Os bu rhai yn troi mewn â'u sbri – a rhoi
   I mi wres eu cwmni,
   Marwydos ar ôl nosi
   Yw y tŷ hwn hebot ti.

Tan-y-groes

Gwesty

Fy hunan fe es i fyny – sawl llawr
   i wres llofft sy'n llethu
   un â'i steil, ond heb naws tŷ
   nac aelwyd, dim ond gwely.

Dinbych

Limrigau

Eleni enillodd Wil Rheinallt
ras hwyaid yn Llanfair-ym-Muallt.
    O dwb marjarîn
    fe wnaeth sybmarîn
a suddo hwyaden pawb arall.

Gareth Jones (Tir Mawr)

Pan oeddwn yn nhafarn y Fic
A'r Meuryn yn mynd ar fy wic,
    Fe luniais i englyn
    Yn diawlio'r ynfytyn,
A dengid o'r dafarn reit gwic!

Arwyn Groe (Dolgellau)

Pan oeddwn yn molchi un bore
Aeth corryn i fyny fy nghoese.
    Wrth gyrraedd y top
    Fe waeddes i "Stop,
Rwyt nawr ar dir preifat yn whare!"

Hywel Mudd (Beca)

Mi gefais fy stopio gan blismon
A hwnnw'n un gwyllt gacwn wirion;
    Fe'm dyrnai a'm dal,
    A'm hyrddio i'r wal.
Mae'i ogla fo'n dal ar fy ngharthion.

Gareth Williams (Tir Mawr)

Aeth bachan o ardal Caerwrangon
Ar wylie am dro i Iwerddon,
    Ond 'ddaeth e ddim 'nôl;
    Gwynt teg ar ei ôl,
Mae'i wraig e 'da fi yng Nghaernarfon.

Dafydd Huws (Y Dwrlyn)

'Rôl caru drwy'r nos gyda Dilys,
Rowena, Angharad a Doris,
    Meri Ann o Dŷ Pen,
    Sara Jên Nymbar Ten,
Aeth Now'n ôl i wely ei fusus.

Lucie Owen (Bro Cernyw)

Wrth edrych drwy'r ffenast un bora
Mi welis i'r *aliens* bach odia
    Yn siarad iaith fain
    Efo Sais Nymbar Nain –
O'r diwedd mae'r diawl 'di gneud ffrindia!

Dewi Prysor (Tywysogion)

Fe gefais fy nerbyn i'r Orsedd
A hynny yn wir Er Anrhydedd.
    Nid wyf yn barddoni,
    Yn adrodd na chanu –
Mae'n bwysig ar bwys pwy 'chi'n eistedd.

Jim James (Ffostrasol)

Dwi 'di yfed beth gythraul o gwrw,
Dwi 'di smygu'n ddi-baid a chreu twrw;
 Dwi 'di talu am bob smôc
 Efo anferth o strôc,
A'r jôc? 'Does na'r un, dwi 'di marw . . .

Nia Medi (Dolgellau)

Roedd yr Hotpoint, heb os, 'werth ei brynu;
Gall dyn, drwy ryw ffenast, lygadu
 Antics crysa a brasiyrs
 A thronsia a nicyrs –
Mae o'n well o beth diawl na theledu.

R. Gwynn Davies (Waunfawr)

Pan oeddwn ar fin mynd i gysgu
Dechreuodd y wraig aflonyddu
 A gweiddi reit swta,
 "Hei, symud dy goesa,
Mae 'nannedd i'n rhwla'n y gwely!"

Edgar Parry Williams (Manion o'r Mynydd)

Er i mi ei siarsio a'i siarsio,
A mynd allan o'm ffordd i'w rybuddio,
 Gan sôn fod 'na greigia,
 A throbwll a thynfa –
"Don't speak Welsh," meddai'n sychlyd, cyn neidio.

Arwyn Roberts (Bro Alaw)

Roedd dyn ar y stryd ym Mhwllheli
A dyn ar y stryd yn Llangefni.
   Mae 'na ddyn ar y stryd
   Yn rhywle o hyd,
Hyd'noed yn Aberllefenni.

Dewi Prysor (Tywysogion)

Un noson mi gefais i syniad,
A minnau yn glyd dan y dillad;
   Roedd e'n syniad bach da,
   Ond ei hateb oedd "Na!"
Tro nesa' cheith hi mo'i dymuniad!

Lynn Davies (Penrhosgarnedd)

Fe ganodd y ffôn ryw ben bore,
A'r doctor heb wisgo ei ddanne'.
   "Doctor Thethil thy yma."
   Cafodd ateb reit bethma –
"'Thdim ithe neud thbort am fy thtumie!"

Gwen Jones (Merched y Wawr Dyfed)

Un noson breuddwydiais fy mod i
Yn rodeo Byfflo Bill Cody.
   Ar ôl codwm go fawr
   Fe ddeffroais 'mhen awr
A fy mhen i lawr fy nghomôd i.

Gareth Jones (Tir Mawr)

Mi roddodd gwraig fferm o Ffestiniog
Lond dwrn o Viagra i'r ceiliog.
    Mi wnaeth lot o les
    I godi ei wres –
Rhoddodd gythral o tshiês ddoe i lwynog.

Edgar Parry Williams (Manion o'r Mynydd)

Fe aeth 'na ryw foi o Waunfawr
Ati i dyfu mwstásh mawr, mawr, mawr,
    Ond ac yntau'n ddwy lathen
    Ac yn denau fel brwynen
Edrychai 'run fath â brwsh llawr.

Llion Derbyshire (Criw'r Ship)

Fe ges i'r syniad o greu odliadur
Ac eto – am lunio cleciadur,
    Ond sylwi a wnes
    Y byddai'n fwy o les
Treulio f'amser yn creu limrigiadur.

Carys Hall Evans (Yr Awyr Iach)

Lladrata teledu roedd Ray,
Eisteddodd i'w gwylio yndê.
    Daeth dau ddyn o gar –
    A chydio'n ei war –
Roedd Raymond ar *Crimewatch UK*.

Gareth Jones (Tir Mawr)

Dyfeisiwr y croesair sydd nawr
Yn cuddio ym Mynwent Bryn Mawr.
   Ymhle? Meddwn i,
   Dyma gliw bach i chi –
Mewn sgwâr tri ar draws, chwech i lawr.

Roy Davies (Y Sgwod)

Pan oedd wrtho'i hunan yn crynu
A llewod o'i amgylch yn rhythu,
   Sgrifennodd yn brysur
   Air ola'i ddyddiadur:
'So far, rwy 'di joio'r safari'.

Dai Jones (Crannog)

Os collwn ni'r Talwrn 'ma heno,
Tîm Manion sy'n barod i fentro
   Cidnapio y Meuryn
   A'i adael o'n borcyn
Am flwyddyn ar ben polyn Nebo.

Edgar Parry Williams (Manion o'r Mynydd)

Fe gysgodd yn hwyr ac ar amrant
Fe sathrwyd Seth Rees mewn i'r palmant.
   'Di dod i drachwanta'n
   Y sêl yr oedd ynta
Ond fo fydd y cynta i'r fynwant.

Gareth Jones (Tir Mawr)

Yn fy ngwely un nos 'da'r *Goleuad*
Daeth llais tangnefeddus fy nghariad:
   "Rho hwnna i lawr
   A dere 'ma nawr!"
A chyn toriad gwawr ces ddiwygiad!

Lynn Davies (Penrhosgarnedd)

Mae pêl-droed 'run fath â barddoni:
Heb ddawn, mae'n well allan ohoni,
   Ac felly rydw i
   Wedi troi'n reffarî
A beirdd coch wrth gwrs sy'n canoli!

John Gruffydd Jones (Bro Cernyw)

Os ydw i'n rhy hen i rai pethau
Mae rhai pethau'n rhy ifanc i minnau –
   Rhyw Feckham o lanc
   'Fo sics pac fel tanc
A rhyw fymryn o blanc rhwng eu glustiau.

Mair Tomos Ifans (Dolgellau)

Mae 'nghariad i'n mynnu fy mod i
Yn dweud wrth fy ngwraig i amdani,
   Ond er mwyn bod yn deg
   Os agora' i 'ngheg
Rhaid dweud wrthi hithe am Ffani.

Llion Derbyshire (Criw'r Ship)

'Annibyniaeth orfodol i Walia,
Biliynau ychwanegol i'w choffra,
    Ac i'r iaith, chwarae teg,'
    Oedd neges Rhif Deg . . .
Mewn e-bost ar Ebrill y cynta'.

Dafydd Iwan (Waunfawr)

Roedd fy nhad eisiau ennill y tedi
Am saethu yn 'Sioe Bach' Llangefni.
    Roedd y baril yn gam
    A saethodd fy mam
Ond cafodd bot jam yn ei lle hi!

Arwyn Roberts (Bro Alaw)

Pan oeddem yn dathlu ein priodas
Bu'r wraig bron â mynd yn bananas –
    Rhyw grwtyn bach tshici
    Yn fy ngalw i'n Dadi –
A bu yn Fis Mêl digon diflas.

Ifor Owen Evans (Crannog)

Rwy'n Hindw Mwslemaidd i'r byw,
Yn Babydd, yn Wesla go driw.
    Rwyf am sicrhau
    Y caf i fwynhau
Rhyw nefoedd drwy rywun siŵr Dduw.

Moi Parri (Tegeingl)

Gwynn Davies, Waunfawr, gafodd bennill
Gan Gerallt yn dweud: 'Chwi sy'n ennill
   Prif gamp y talyrne,
   Waunfawr yw'r tîm gore,
Fy llongyfarchiade, Ffŵl Ebrill'.

Edgar Parry Williams (Manion o'r Mynydd)

Fe welais gêm rygbi od llynedd,
Tîm merched yn erbyn bois Gwynedd.
   Nid oedd 'na ddim pasio,
   Na rhedeg na chicio
'Mond sgrym fawr o'r dechrau i'r diwedd.

Dai Jones (Crannog)

Roedd bachan o ardal Tre-gŵyr
Am dorri'r 'Sound Barrier' yn llwyr.
   Wrth fynd draw i Bengal
   Cwrdd â'i hun yn dod 'nôl,
A ble mae e nawr? Duw a ŵyr.

Hywel Mudd (Beca)

Un noson breuddwydiais fy mod i
Yn bwyta 'marshmallow' blas taffi
   A hwnnw'n un mawr.
   Pan ddeffrais mewn awr
Roedd fy mhulw i wedi diflannu.

Arwel Roberts (Criw'r Ship)

Yn nhafarn Llwyndafydd un noson,
A'r Meuryn 'di yfed llawn digon,
   Mi gredodd y co'
   Mai'n *Shotolau* roedd o,
A methodd yr ergyd yn gyson!

Rhys Dafis (Aberhafren)

Kate Roberts, T. Llew, Harri Parri,
Kafka, Wil Garn, Thomas Hardy;
   'Dwi 'di darllen y lot
   Wrth smocio fy mhot,
Ond 'dwi eto i ddallt plot Sali Mali.

Gwenan Gruffydd (Tir Mawr)

'Rôl bwyta'i gymdogion, roedd Wombi,
Y canibál mawr, heb ei lenwi.
   Mi fwytodd ei goesa
   Ei freichia a'i glustia –
Meddyliwch beth nesa', myn diân i.

Edgar Parry Williams (Manion o'r Mynydd)

Daeth draenog yn ôl o'r Kibbutz
Ac ymddwyn ychydig yn nyts,
   Gyda thân dan ei fron
   Aeth i groesi'r M1
Jyst i ddangos fod gynno fo gyts!

Caryl Parry Jones (Y Taeogion)

Croeswisgwr o ardal Gors-las
Sy'n berchen ar ddau ruban glas.
   Tro cynta' iddo dreio
   Fe'i cas fel soprano,
A'r eildro enillodd fel bas.

Dai Jones (Crannog)

Yn nhafarn Llwyndafydd un noson
Aeth dynes i mewn i'r lle dynion.
   Mae hi'n gwybod rŵan,
   'Rôl gweld Gwilym Fychan,
Fod ystyr i enwau prydyddion.

Hedd Bleddyn (Bro Ddyfi)

Er nad yw Ned Ifan yn sgolar,
Pan safodd arholiad bach llafar
   I weld wnâi e feuryn
   Mi basiodd, ond wedyn
Fe'i saethwyd gan gochyn bach clyfar.

Eirwyn Williams (Llanbed)

Roedd dyn bach yn byw'n Singapôr
Yn diddanu y fenyw *next door*.
   Nid wy'n siŵr ynteu caru
   Neu adrodd a chanu,
Ond fe'i clywais hi'n gweiddi 'Encôr'.

Jon Meirion Jones (Tan-y-groes)

Mi drefnwyd rhyw barti ffarwél
I Desi yn Nhafarn y 'Bell',
    Ond wrth i'r gyfeddach
    A'r lleisiau'n droi'n 'sbleddach,
Aeth Desi drwy'r fro'n Desibél.

Owen James (Crannog)

'Dwi'n fa'ma'n trio edrych yn glyfar,
Mae isio ateb rhyw linell, myn uffar.
    'Fedra'i ddim cynganeddu
    Am fod y dyn 'ma sy'n barnu
Yn fy myddaru â'i straeon a'i drydar.

Huw Erith (Tir Mawr)

Mi glywais fod gŵr o Lansteffan
Yn hoff iawn o ddawnsio y can-can.
    Rhoddodd gic oedd rhy uchel
    Ac fe wnaeth yr anochel,
A'i enw fo bellach yw Beffan!

Caryl Parry Jones (Y Taeogion)

Mewn tŷ bach o'r enw Pen-ddôl
Bu Ianto trwy'i oes ar y dôl.
    Fe gas e wraig lysti
    A phymtheg o deulu,
Heblaw 'ny, ni wnaeth byger ôl.

Dai Jones (Crannog)

Fe ddwges naw condom o Asda
A phedwar ar ddeg o'r fferyllfa,
    Dros ddeunaw, rhwng Spar
    A'r siop yn y sgwâr,
A dwges wraig William drws nesa'.

Emyr Davies (Ffostrasol)

Roedd cybydd sy'n byw lawr y stryd
Yn cyfri ei arian i gyd;
    Y copor yn tincio
    A'r Cwîn oedd yn blincio,
'Rôl bod mewn tywyllwch cyhyd.

Gareth Jones (Tir Mawr)

Achubwyd hen ddiawl o Langefni
A fwrdrodd ei nain efo lorri.
    Roedd o'n lwcus drybeilig
    Fod rhyw glerc bach dislecsig
'Di nodi y ddedfryd fel corgi.

John Wyn Jones (Bro Alaw)

Gweinidog Siloam ger Cribyn
Sydd nawr mewn ysbyty ers tipyn.
    Y rheswm mae yno?
    Ei gefn sy'n ei flino –
Fe straeniodd wrth godi ei destun.

D. T. Lewis (Ffostrasol)

Roedd Ifan yn achwyn fod Iola
Yn rhedeg o hyd ar ei ôl, a
    Dyna'r rheswm paham
    Y gadawodd ei fam
A symud i Outer Mongolia.

Owen James (Crannog)

Un noson wrth fwyta fy swper
Danfonais y wraig lawr i'r seler
    Am botel o win –
    Roedd hynny nos Lun:
Mae nawr bron â bod yn nos Wener!

Arwel Jones (Tan-y-groes)

Medd pennaeth gwlad fawr dros y lli:
"Rwyf am ddod â heddwch i chi,
    Ac mi saetha' i'r sawl
    Nad oes ganddo hawl
I fod yn hen ddiawl fath â fi."

John Rhys Evans (Llanbed)

Fe gododd o fyngalo tlws
Ar gyrion maes awyr Y Rhws.
    Cred pawb o bob lliw
    Taw portalŵ yw.
Mae coblyn o giw wrth y drws.

Gareth Jones (Tir Mawr)

Roedd menyw o dref Aberteifi
Yn gadael ei chŵn i arbrofi.
   Fe groesodd y Shih Tzu
   Â'r Bulldog mawr salw:
A Bull Shihtz yw enw'r brîd newy'.

Arwel Jones (Tan-y-groes)

Gwn am gyfaill, nid annhebyg i mi,
Sy'n gynghorydd a phwysigyn o fri,
   A'i ofn mwya'n y byd
   A'i hunllef o hyd
Yw pobol sy'n dweud "Pwy 'dach chi?"

Dafydd Iwan (Waunfawr)

Mae dringo mewn Talwrn yn gofyn
Am ras ac amynedd diderfyn;
   Rhaid i'r tîm fagu plwc
   A chael llawer o lwc
Hefo'r crwc 'ma sydd gennym ni'n Feuryn.

Edgar Parry Williams (Manion o'r Mynydd)

Ar ôl bore 'da'r plant yn siop Toys-R-Us
A'r nawn efo'r wraig yn siop Tiles-R-Us,
   Wedi gwario'n whit-what
   'Sgen i'm ceiniog i'r bat
Sydd dan bowler hat draw yn Tax-R-Us.

Ken Griffiths (Tan-y-groes)

Wrth edrych drwy'r ffenest un bora
Be' welais i rhwng y ddau ola
    Ond gwraig y drws nesa'
    (A'r dyn glo yn ei breichia)
Yn talu am lwyth y mis dwetha'.

Dafydd Iwan (Waunfawr)

Roedd dyn bach yn byw yn Nhyddewi
a'i enw, yn rhyfedd, oedd Dewi.
    Coginiwyd ei fwyd
    gan fodryb o Glwyd
a alwyd yn *Dewi's Aunt* ers 'ny!

Ceri Wyn Jones (Y Taeogion)

Mae'r wraig acw'n honni yn daer
Iddi dreulio'r min nos gyda'i chwaer.
    Ei chelwydd sy'n brifo –
    Mi wn i fod honno
Yn caru 'fo fi fyny'r staer!

Llion Derbyshire (Criw'r Ship)

Pe bai dyn deuddeg stôn yn rhoi'i feddwl
Ar haneru ei bwysau, 'sdim trwbwl,
    Ond pe bai yn colli
    Chwe stôn ar ôl hynny
Byddai'n anodd ei weled o gwbwl.

Jim James (Ffostrasol)

Aeth Dai Sieri Binc i bysgota
gan ddal pysgod aur digon swta,
   a'u rhoi nhw mewn sinc
    'rôl ei lenwi i'r brinc,
ond – y crinc – nid â dŵr ond â fodca!

Owain Rhys (Aberhafren)

Pe cawn roi un troed ar y ddaear
I hedfan yr awn gyda'm cymar,
   Ond fel yna mae hi,
    Rhy fyr yw fy nghoes i,
A beth petai'r plên yn cael pyncsiar?

Isfron (Monwyr)

Cynhaliwyd y Talwrn un noson
A'r Meuryn a'r beirdd oedd yn noethion.
   Cafodd un lodes deg
    Un ar ddeg mas o ddeg
Er nad oedd dim bowns i'w henglynion.

Ken Griffiths (Tan-y-groes)

Mi es i i'r sŵ ger Caeredin,
Mi gwrddais â mwncïod cyffredin;
   'Nabyddon nhw fi
    Wrth drwyn fy nhad-cu
Ac es i ddim yno byth wedyn.

Hywel Mudd (Beca)

Aeth Aled i weled ei Dduw
Wrth drwsio tanc petrol car Huw.
   Mae yn debyg mai Siân
    A aeth ato am dân
Oedd yr olaf i'w weld o yn fyw.

Gareth Jones (Tir Mawr)

'Châi Gerallt y Chow ddim mynd allan,
Mewn traffig 'doedd ganddo ddim amcan,
   Ond fe slipiodd ei goler,
    Aeth yn syth dan stîm roler –
Daeth 'nôl dan y drws gyda'r postman.

Dafydd Huws (Y Dwrlyn)

"Y chi fu'n gwneud dŵr," meddai'r plismon,
"Ar ganol y bont, o flaen tystion?"
   "Wel, ia, reit siŵr,"
    Atebai'r hen ŵr,
"'Wna'i byth gario dŵr ar draws afon."

Edgar Parry Williams (Manion o'r Mynydd)

Mae'r lle 'ma yn ynys ddifforest
Ac mae diffyg traul arna' i, onest –
   Daeth potel 'da'r ewyn
    Ac ynddi roedd nodyn
Yn dweud: 'You have won – *Reader's Digest*'.

Emyr Davies (Y Taeogion)

I Dduw, golff fu'r gêm o'r dechreuad;
Bu'n waldio hyd gyrion y Cread;
   Ond yn hwyr ar nos Lun
   Fe sleisiodd o un,
A dyna sut creodd o'r Lleuad.

Tom Price (Aberhafren)

Un noson mi es i drws nesa'
Er bod cyrddau mawr draw yn Pisca –
   Rhyw foi o Sir Fôn,
   Un da 'nôl y sôn –
Ond pwy all gystadlu â Lisa?

Emyr Phillips (Y Dwrlyn)

Mae menyw yn byw'n Llangyfelach –
Ni welais erioed beth rhyfeddach –
   Mae'n medru rhoi'i choesau
   Reit lan rownd ei chlustiau –
Rwy'n cadw'i rhif ffôn yn gyfrinach.

Arwel Jones (Tan-y-groes)

Mae ffermwr rhwng Plwmp a Shir Benfro
Yn awr wedi arallgyfeirio.
   Mae'n pacio dom drudwns
   Fel gwrtaith i winwns
A'i werthu'n y *car-park* yn Tesco.

Dai Jones (Crannog)

Mewn ocsiwn mi brynais ddau fabi
Am bris bach rhesymol, rwy'n credu.
   A gallwch chi fetio
   Fe'u gwerthaf nhw eto
Os byddant yn piso'n y gwely.

Wynford Jones (Tan-y-groes)

Er bod Idwal ryw dwtj bach yn wan
Daeth yr awydd i arddio i'w ran,
   Ond rhoes yr hade bach brown
   I gyd ypseid down
A thyfodd ei garetj am lan.

Aled Evans (Y Garfan)

Pan fo'r wraig sy'n golchi dy grys iti
Ar dy blât yn rhoi gormod o bys iti,
   A'th geg di ar agor
   Yn erfyn am ragor,
Yn siŵr, dyna beth yw obisiti.

Owen James (Crannog)

Llawfeddyg esgeulus oedd Pŵal,
Ar ôl iddo weithio ar Hŵal
   Dangosodd Ecs-Re
   Gwpaned o de
Wedi'i gadael ar ôl yn ei fŵal.

Gareth Jones (Tir Mawr)

Mewn angladd ar lan afon Cledde
Aeth ficer ar goll rhwng y bedde;
   'Rôl crwydro am hydoedd
   Rhwng daear a nefoedd
'Doedd ganddo ddim syniad ble wedd-e.

Idris Reynolds (Crannog)

A fuoch chi erioed mewn ysbyty
Yn sefyll a disgwyl am wely
   A ffeindo mas wedyn
   'Rôl aros dros flwyddyn
Mai dim ond rhyw wynt oedd yn gwasgu?

Hywel Mudd (Beca)

Yn Ebrill priodais Gweneira
Sy'n un o'r merched prydfertha',
   Ond er ei holl lendid
   'Pen tost' yw ei gwendid –
Un noson mi es i drws nesa'.

Dafydd Lloyd Jones (Llanbed)

Un noson yn neuadd Cwmlline
Y dasg ydoedd sgwennu limrige.
   Mi gefais i ddeg,
   Sy'n farc eitha' teg,
Ond 'doeddwn i ddim ar fy ngore!

Bethan Jones (Ysgol Y Berwyn)

'Rôl eu dal nhw ar bont Aberaeron
A thaflu'r deg Sais mewn i'r afon
 A'u dwylo 'di clymu,
 Fy nheimlad i ydy –
Am heddi, mae hynna yn ddigon.

Jim James (Ffostrasol)

Mi losgais dŷ ha' yn Rhosgadfan
Ac un arall yn ymyl Rhydlydan,
 A dau ym Mhen Llŷn;
 Ond ar ôl mynd yn hŷn
Mi ges i job fel dyn tân yn Llansannan.

Dafydd Iwan (Waunfawr)

Mae gwir arbenigedd i Liwdo,
nid hap ac nid damwain mohono;
 rhif y dîs ddaw o'r cwpan
 yw'r allwedd i'r cyfan,
a dyna paham fod rhaid twyllo.

Harri Williams (Y Sgwod)

Mi glywais am wraig o Gwmgwili
Yn merlota â ficer Rhosili,
 Ac yn rasys Llangadog
 Aeth ynghlwm yn ei gasog,
Ac maen nhw'n dal i fod sownd yn 'i gili'!

Caryl Parry Jones (Y Taeogion)

Penillion Ymson

Mewn Meddygfa

Ydw, tawn i'n marw, 'dw i yma ers oria
Yn teimlo'n llegach ac yn magu gwreiddia.
Cal a chal ges i i ddŵad yma,
Tipyn o gamp a finna mor gwla.
Mi allwn yn hawdd ei phegio hi'r munud 'ma
Ond 'wna' i ddim a 'nhro i nesa'.

Berwyn Roberts (Dinbych)

Mewn Sêl Cist Car

Llond cist yn cyrraedd,
Llond trwmbal i fynd adra
Ac eto 'does 'na ddim
Ond 'nialwch yma.
Mi neidiais o 'ngwely
A llowcio fy mrecwast
I gael dydd Sul arall
Yn ffeirio llanast.

Huw Erith (Tir Mawr)

Tafarnwr

Mae'r arwydd sydd uwchben y drws
Yn dweud fod Brains fan yma,
Ond pan rois sein 'Dim Smygu' lan
Aeth pawb i'r tafarn nesa'.

Dai Jones (Crannog)

Ar Faes Caernarfon

(Lloyd George yn siarad)

Mae deiet yr wylan a'r golomen, medd pobol
Sy'n gwybod am bethau o'r fath, yn wahanol.
Waeth beth â i'w cegau, boed wenith neu facrall,
Mae'n hynod o debyg pan ddaw o'r pen arall.

Iwan Roberts (Llanrug)

Wrth Wrando Darlith

Heddiw, 'rôl noson feddwol – yn arlwy'r
    Ddarlith rwyf yn symol
    Fyfyriwr synfyfyriol,
    A heb grap ar bygar ôl.

Emyr Roberts (Waunfawr)

Uwchben Baw Ci

Ei adael ar stryd lydan – ar ei daith
    wnaeth rhyw deic go aflan;
    heb unrhyw *scoop-a-poop pan*,
    ei godi wnes â'm gwadan.

Dafydd Williams (Y Sgwod)

Uwchben Baw Ci

Edrychais drwy y ffenest
A gwelais becinî
Yn bod yn ychafïaidd
Gyferbyn â'n tŷ ni.
Es allan gyda 'mhŵp-sgŵp
Gan feddwl mynd â'r baw
Yn ôl i dŷ'r perchennog
Fel soniais 'rochor draw.
Fe basiodd rhyw awyren,
Edrychais tua'r nen
A nawr mae fy hyshpypis
Yn union ar ei ben.

Jim James (Ffostrasol)

Mewn Maes Awyr

Rwy'n dweud wrth y peilot
Os â mas o betrol
Mae digon yn Tesco
Am bris reit rhesymol.

Emyr Davies (Ffostrasol)

Wrth Agor Drws

(Ymson Heilyn fab Gwyn, ar awr dyngedfennol)

Y drws tuag Aberhenfelen,
Mae'n rhaid imi'i agor ar ras –
Mi wn na ddylwn . . . ond damo,
Ma'r gath 'ma eisie mynd ma's!

Glenys Roberts (Aberhafren)

133

Mewn Oedfa

Gweddïwn, medd Joni, toc wedi deg.
Gweddïwn, medd Harri, am un ar ddeg.
Gweddïwn, medd Margaret, cyn taro'r saith,
A'r gweinidog wedyn 'di gorffen ei waith.

Gweddïwn, medd y gweinidog, dair gwaith i gyd,
Am fod capel i bob enwad ar hyd y stryd.

Efa Gruffudd (Awyr Iach)

Wrth Weld Bardd

Mae Llwybyr Dylan Thomas o Bennant lawr i'r Cei,
Ac yn Nhalacharn hefyd, ac Abertawe gwlei.
Mae'i lun ym mhob tŷ tafarn, er nad wy'n
    gwybod pam,
Waeth roedd y diawl fynycha'n rhy feddw i
    gerdded cam.

Hywel Rees (Crannog)

Cyn Dweud Celwydd

Mae rhywbeth hen-ffasiwn mewn credu'n 'y Gwir'
(Ac mi fuon ni'n hen-ffasiwn yn llawer rhy hir);
Mae 'Celwydd', fel 'Pechod', wedi cael ei ddydd,
Ac mi ryden ni bellach yn bobol rydd,
Yn rhydd i benderfynu beth sydd yn iawn –
A gall hynny newid rhwng y bore a'r pnawn;
Y Gwirionedd bellach yw fy Ngwirionedd i
A 'does dim ffeuen o ots beth yw'ch Gwirionedd chi:
Yr hyn 'dwi'n gredu ar y funud yw'r gwir i gyd
Ac mi gyhoeddaf hynny gerbron y byd –
Felly tyfwch i fyny, ac anwybyddwch bob ffaith,
Mae meddyg y sbin ar fin gwneud ei waith.

Dafydd Iwan (Waunfawr)

Dynes Lolipop

Daeth Scania enfawr heibio,
    Amneidiais arni hi
I 'rafu ac i stopio
    Yn ôl 'ngorchymyn i,
Ond fel Caniwt y brenin
    Bûm hunan-bwysig ffôl,
A'm lolipop sydd rŵan
    I fyny fy mhen ôl.

Lusa Fflur (Ysgol Y Berwyn)

Wrth Baentio Arwydd

Rhy hwyr y sylweddolwyd,
A dyma ddaeth i'n clyw,
Gan fod Dai yn un dyslecsig
'Siop y Dŵr' aeth yn 'Piso Dryw'.

Rhodri Gwynn Jones (Y Dwrlyn)

Tu Ôl i'r Llwyfan

"Fi 'di boi Archie's Removals," medda' fi'n ddigon clên
    wrth y tsiap,
Fe'm gwthiodd i fa'ma dan sisial. Mae'n lwcus na chafodd
    o slap.
Rwyf yma ers oriau mewn twyllwch, efallai bod ffiws
    wedi chwythu,
Ond na, dyma Culwen ac Olhwch yn canu trombôns
    wedi sythu.
A dyma nhw'n dyfod o rywle, yn syth ar ôl clywed y corn,
Reit debyg i'r hen longau hwylia ar ôl iddynt fod rownd
    yr Horn.
O 'mlaen i fe welaf y gadair yr heliwyd fi yma i'w 'nôl,
Ac wele yn awr daw Darth Fedar a llwythi yr Aifft ar ei ôl.
Mae'r olygfa o du ôl i'r llwyfan yn union fel 'Queen's
    Greatest Hits',
Goleuadau yn chwilio ymhobman fel Llundain yn ystod
    y Blitz.
A'r gola'n cornelu rhyw greadur tua naw rhes i lawr
    ar y chwith,
Maent drosto mewn amrant fel pupur i'w lusgo fo i fyny
    i'w plith.
Cai Soch ap Cap Coch ap Caswallon, ap Rheinallt ap Rhisiart
    o Riw,

Yr enw s'gen i ydi Sharon ac yn Llannerch-y-medd mae
    hi'n byw.
Mae nacw â chleddyf mawr arian, mae'n beryg o frifo ei gefn
Wrth geisio ei dynnu fo allan, ond fedar o ddim, diolch
    i'r drefn.
Mae'r Klan Kanu Korawl 'di tanio a mwydro fy mhen
    efo'i noda,
A haid Dylwyth Teg wedi glanio a rhedeg rownd lle efo bloda.
O Dduw! Pryd daw diwedd i'r ffwlbri a 'Hen Wlad
    fy Nhadau', 'Amen'?
Rwy'n meddwl y ffonia i Archie a dweud wrtho "Nefar Agen".

Gareth Jones (Tir Mawr)

Tu Ôl i'r Llwyfan

Rwy'n disgwyl adrodd o dan saith
Ers oes tu cefn i'r llwyfan,
Ac os na'm gelwir cyn bo hir
Fe fyddaf dros yr oedran.

Idris Reynolds (Crannog)

Ffotograffydd

Fe dynnais lun o'r Wyddfa
Am ei fod e'n fynydd mawr
Heb sylweddoli 'mod i
Â phen y camera i lawr.
'Na pam mae'r llun uwchben y grat
Â chopa'r Wyddfa'n berffaith fflat.

Emyr Davies (Ffostrasol)

Ymhlith Galarwyr

Fûm i 'rioed yn un da efo enwau,
'Dwi'n cofio wynebau'n reit dda.
Pan ddaeth cais i mi gladdu cyn-aelod,
Derbyniais, mae'n anodd dweud 'na'.
Y mae'r teulu yn awr wedi cyrraedd,
Mae fy nghamgymeriad yn fawr,
Ac mae'r boi o'n i'n feddwl ei gladdu
Yn sefyll o 'mlaen i yn awr.

Huw Dylan (Ysgol Y Berwyn)

Wrth Wneud Swm

Er gwaethaf byd rhifyddeg
A'r farn sy'n llwyr gytûn
Ni allaf heno ddirnad
Fod rhannu dau'n gwneud un.

Llion Roberts (Aberhafren)

Wrth Wneud Swm

Mae sgôr y Talwrn,
    'Nôl y tîm sy'n colli,
Yn dibynnu'n llwyr
    Ar bwy sy'n cyfri.

Idris Reynolds (Crannog)

Milfeddyg

Mi ges bynciau TGAU wrth y dwsin
A phedwar neu bump lefel uwch,
A'r cyfan i gael sefyll yng nghanol y glaw
Hyd at fy mhenelin mewn buwch.

Dafydd Iwan (Waunfawr)

Wrth Fwrw Pleidlais

Rhof groes i hwn yn groes i'r graen
Os gwna hwyluso fy ffordd ymlaen.

Huw Erith (Tir Mawr)

Mewn Cawod

Hon ydyw'r gawod, ond nid hwn ydyw'r dŵr –
Wna hi lein agoriadol i soned? Dwi'm yn siŵr;
Wrth sefyll fan hyn mewn ymson uwch amser
Diflannodd y sebon, y shampŵ – a 'mhartner.

Dafydd Whiteside Thomas (Llanrug)

Gwas Priodas

Priodas noethlymunwyr
Sydd gennym yn y llan;
Am hynny, mae hi'n amlwg,
Pwy ydyw y *best man*.

Ken Griffiths (Tan-y-groes)

Wrth Ddrws Tro

Rwy'n methu'n lân â ffeindio'r drws
Er 'mod i'n troi ers amser 'dag e,
Ac er na fûm i ar y bŵs
Rwy'n methu'n lan â ffeindio'r drws
Ac wedi treulio pâr o shŵs
A nawr yn troi yn nhraed fy sane.
Rwy'n methu'n lân â ffeindio'r drws
Er 'mod i'n troi ers amser 'dag e.

Ceri Jenkins (Ffair-rhos)

Mewn Sinema

Yma'n yr Odeon rwyf drist fy myd
Yn ymddiheuro o hyd ac o hyd;
Beth wnaeth i mi fwyta bêc bîns, fy ffrind,
Cyn dod yma i wylio *Gone with the Wind*?

Raymond Osbourne Jones (Ffair-rhos)

Mewn Tafarn

Wedi deuddeg peint,
Saith wisgi a mwy,
Gin i siawns go lew
Hefo un o'r ddwy.

Gareth Williams (Tir Mawr)

Ar Lawr Tafarn

I geisio barddoni, rhaid cael, yn ôl rhai,
    Ongl arall ar bethau'r byd.
Wrth orwedd yma, mae gennyf o leia'
    Ongl arall ar y merched i gyd.

Hywel Griffiths (Prydyddion PCA)

Ar Fordaith

"Bargan a hannar," ddeudodd y dyn,
"Ond hannar y gost, dau am bris un".
Ddalltais i ddim wrth ddod ar y fordaith
Y gwelwn bob pryd o leiaf ddwywaith.

Berwyn Roberts (Dinbych)

Wrth Bostio Llythyr

Siec i'r *Inland Revenue*,
Siec arall i BT,
Presant i'r fam-yng-nghyfraith
A bil pigiadau'r ci.
Mae'r rhain yn costio ffortiwn –
'S'nam rhyfadd 'mod i'n flin –
Ac ar ben y tolc i 'nghyfri banc
Rhaid llyfu tin y Cwîn.

Arwel Roberts (Criw'r Ship)

Wrth Agor Amlen

'Sgrifennais ryw nos Sadwrn
   Lythyr yn y Black Buoy
A'i bostio, stamp ail-ddosbarth,
   I'm cartre'n ddiymdroi.
Ond wedi iddo gyrraedd
   Petrusais beth i'w wneud,
Ond fe fu raid ei agor
   I weld beth o'wn i'n ddweud.

Idris Reynolds (Crannog)

Mewn Twll

Ni chaf fynd mewn i deyrnas Dduw
er 'mod i'n dlawd a phur,
am fod 'na gamel tew yn sownd
yng nghrau y nodwydd ddur!

Ceri Wyn Jones (Y Taeogion)

Adda

Yn noeth heb grys na throwsus
Bron llwgu'r wyf mewn creisis
Cans rhwng yr afal coch a mi
Mae blydi llwyn gwsberis.

Emyr Davies (Ffostrasol)

Mewn Amlosgfa

Fe gaiff pawb ei hyd a'i led
Yn ôl fy nhad, wel dyna'r gred;
Yma'r wyf heb led na hyd,
Tua maint pot jam, a dyna i gyd.

Elwyn Breese (Bro Ddyfi)

Mewn Tafarn

Ro'n i'n arfer bod yn llwyrymwrthodwr
Ond mi gymres i un gan hen ffrind,
A rhag bod yn anghymdeithasol
Mi gymres un arall cyn mynd;
Ar gyrraedd adre y gosodais fy nod
Pan ddaeth llais o'r pen pella: "One for the road!"
Aeth petha wedyn braidd lawr yr allt –
Ond dyma rywbeth nad yw'r dirwestwrs yn ddallt –
Mae yfed yn hwb i'r economi leol
Ac yn weithred bwysig o rwydweithio cymunedol,
Yn creu partneriaethau, yn meithrin eich doniau,
Yn rhan o ddiwylliant cefn gwlad ar ei orau,
Yn gyfle i gadw yr heniaith yn fyw
A chadw'r hen faledi yn fwyn ar y clyw;
Ocê ta, un bach arall . . .

Dafydd Iwan (Waunfawr)

Mewn Ciw

'Dwi a Musus Ysgyfarnog
Wedi gwylltio yn gynddeiriog.
'Dwi'm yn arfar ista'n llonydd –
'Dw'isio rhedag dros y dolydd.
'Dw'isio llamu, 'dw'isio gwibio,
Yn lle cyffio'n fa'ma'n ciwio.
Noa, 'fedrai'm diodda' rhagor.
Plîs, paid llwytho 'nhrefn yr wyddor.

Arwel Roberts (Criw'r Ship)

Mewn Caffi Budr

Be' 'dw i'n 'neud yn fan hyn,
Caffi butra'n y wlad?
Wel, mae 'na un peth o'i blaid,
Mae'n sglyfaethus o rad!

John Ogwen (Penrhosgarnedd)

Mewn Pwyllgor

Mae hi'n iawn i bawb gael siarad,
Dyma sail ein cyfansoddiad,
Ond er mwyn cael chwarae teg,
Rhaid i honna gau ei cheg.

Edgar Parry Williams (Manion o'r Mynydd)

144

Mewn Cae

(Er cof am y Cnapan)

Rwyf yma 'da'r miloedd mewn pabell
Mewn cae llwm yn nhwll din y byd
Yn gwrando ar hen Ddafydd Iwan
Wrthi'n canu 'Yma o Hyd'.
Mae'r cwrw yn llifo'n ddiddiwedd
A 'mhen i sydd yn dechrau troi,
Mae 'mhledren i'n gweiddi am doiled,
Bydd raid chwilio rhywle yn gloi.
Brasgamaf tu cefen i'r llwyfan,
O'r mowredd, does 'run tŷ yn sbâr!
'Na lwcus fod Dafydd yn canu,
Diolchaf am ges ei gitâr!

Menna Jones (Ffair-rhos)

Mewn Cae

Mae hi'n dywyll a'r gwynt 'di cipio fy 'mere',
A 'dwi'n chwilio amdano'n fan hyn ar fy nglinie.
Mae'r pump 'dwi 'di ganfod a'u gwisgo hyd yma
Yn betha ma' gwartheg 'di 'neud ar y borfa.

Ifan Roberts (Y Dwrlyn)

145

Parot

Nid oeddwn tan ddiweddar
Yn rhegi fawr, myn uffar;
Nawr "Cau dy ben y bitsh" sy'n glir
A "Twll dy din di'r sgowsar".

Arwyn Roberts (Bro Alaw)

Parot

Y mae cerdd i'r ceiliog ffesant
a'r gylfinir, ac mae rhamant
yn y sguthan a'r hwyaden,
gwyddau, ieir a drudwy Branwen.
Wrth y rhain rwy'n cenfigennu –
fi yw parot Williams Parry!

Ceri Wyn Jones (Y Taeogion)

Ar Bafin

Ar bafin gwlyb, anwastad
    Rwyf wysg fy nghefn ar lawr
Ac yn ôl gwybodusion
    Fe gaf i gompo mawr,
Cans gŵyr y bobol bwysig
    O fewn y parthau hyn
Mor llithrig ydyw'r palmant
    Tu allan i'r Hydd Gwyn.

Idris Reynolds (Crannog)

146

Ar Bafin

Mae'r pafin 'rochor acw
Yn cael yr haul i gyd
A minnau'n trio canu
Yr ochor yma i'r stryd;
Os s'mudai i'r ochor acw,
Y fi a'm rigmaról,
Fe fydd yr haul yn croesi
A rhaid im symud 'nôl;
Ond waeth im aros yma,
Fel yna mae fy myd,
Mae'r haul i mi bob amser
Yr ochor draw i'r stryd.

Elwyn Breeze (Bro Ddyfi)

Mewn Oedfa

Mae'r bregeth 'ma'n hirwyntog ofnadwy,
Wedi ei chychwyn cyn chwech, nawr mae'n saith;
Mi a'i adra 'dwi'n meddwl, wedi'r cwbl
Fi 'di'r gw'nidog, a 'does 'na neb yma 'chwaith.

John Eric Hughes (Bro Cernyw)

Ar Glawdd Offa

Maen nhw'n dweud pe byddai'r hen wal 'ma'n
gadarnach
Y byddai 'di rhwystro bendithion cyfathrach;
Ond mae un peth yn sicr, pe byddai yn dalach
Fe fyddai'n tyddynnod a'n tai'n llawer rhatach.

Dewi Prysor (Tywysogion)

Tu Ôl i Gownter

(ffatri arfau yn yr UDA)

Rhof gip ar y llyfr archebion,
Rwyf wedi colli trac
Beth oedd dyddiad yr ordor ddwytha'
I'r boi 'na o Irác.

Rhodri Gwynn Jones (Y Dwrlyn)

Mewn Ysbyty

Mae gennyf broblem enbyd
Sy'n codi cwestiwn mawr;
Mae'n fater o egwyddor
A rhaid ei ddatrys nawr;
Rwyf eisiau mynd i'r toiled
I wared mwy na gwynt,
Rwy'n fodlon mynd yn breifat
Os caf i fynd yn gynt.

Elwyn Breese (Bro Ddyfi)

Mewn Ogof

Bu hendaid imi yma'n byw
Ymhell o'r fydol ras,
A'r hyn yr hoffwn wybod yw
Pam gythrel aeth e ma's.

Owen James (Crannog)

Wrth Weld Bardd

Mi wn pam rwyt yn syllu arnaf, frawd,
   A pham rwyf innau'n syllu arnat ti,
Oherwydd cyd-ddioddef yw ein rhawd,
   Am fod yr Awen wedi'n hudo ni.
Fe glywais ei sibrydion ganol nos
   A'r cyfan wedi ffoi cyn toriad gwawr,
Daeth atat yn y cae ac ar y clos,
   A thithau'n frwd i dorri'r geiriau i lawr.
Fe fu'n hi'n ast stwbwrnllyd lawer tro,
   Ac weithiau rhedai'n llawen neu yn brudd,
A'r straen o greu llinellau yn y co'
   Sydd heddiw'n grychau dyfnion ar dy rudd;
Ac am fod oes o brofiad ymhob crych
Dof eto'n ôl i syllu yn y drych.

Ken Griffiths (Tan-y-groes)

Noa ar Ben Ararat

Fe aethont o 'ma'n ddau a dau
I gartref gwell i amlhau,
Ond fe ddangosont ddiffyg parch
O'm gadael i i garthu'r arch.
O Dduw, maddeua un gofynnod:
Paham y creaist eliffantod?

Gwyn Jenkins (Tal-y-bont)

Wrth Wylio Rhagolygon y Tywydd

Y mae rhyw gynneddf yng Nghymru i gwyno
Na welwn iot o haf 'leni eto;
Trown yn fuan ein trwynau i feio
Proffwydi eilradd bob dydd sy'n addo
Y daw haul, ond o'u diawlio – am dywys
Dynion hygoelus . . . 'dw innau'n gwylio.

Emyr Davies (Y Taeogion)

Wrth Ennill Cadair

'Dw i'n nerfus iawn wrth aros
Gan heddiw dderbyn clod.
Gobeithio y bydd y gadair
Yn gweithio fel comôd.

Andrea Parry (Penllyn)

Ar Risiau

Mae 'di g'leuo arnaf eto,
carped diarth dan fy nhraed;
mae fy nhrwyn i tuag adref
ac rwy'n diolch am a gaed.

Huw Erith (Tir Mawr)

Mewn Pwyllgor

Ni welais i gloc mor araf yn symud,
'Dwi'n siŵr fod y bys eiliad 'di lladd y bys munud;
Bydd hanner y pwyllgor 'di marw cyn darfod,
Mae'r lle yn hysbyseb i ddannedd gosod,
Ffyn, mint imperials, a'r grefft o groes-gribo,
Mae'r oes Jurassic 'di pasio'r rhain heibio.
'Dwi'n edrych yn slei tuag at *smoke-detector*
I gael mygyn otano i darfu ar y Cyngor,
Tra mae Gwiffred ap Rhydderch ar ganol ei druth,
Neu fe gadwith y bwbach ni yma am byth
Yn cytuno mai da fyddai anghytuno,
Mewn egwyddor o leiaf, i gais cynllunio
I agor off-leisans, gan Mr A. Gabriel,
A'i alw'n 'Holy Spirit Store', yn festri y capel.
Petawn i yn tecstio fy ffrind ar y ffôn
Iddo gogio bod fy ngwraig yn cael babi lawr lôn
I gael esgus i ddianc rhag holl hirwyntogion,
Pwyllgor sanhedrin is-bwyllgor pwysigion,
A'u targedau, munudau a monitro mentrau,
Llyffethair llifeiriau y felin-bupurau . . .
Gyda chymaint o nwy yn llenwi'r ystafall
Ys gwn i a sylwant os rho' i un rhech fach arall . . .?
Tra mae Hitlar yn y Gadar a sticlars rownd bwrdd
'Does ryfedd bod fy meddwl i'n crwydro i ffwrdd.

Dewi Prysor (Tywysogion)

152

Mewn Darlith

Dois yma i drafod fy arwr,
Rwy'n ffan mawr o'r boi welwch chi.
Darlith ar waith Parry-Williams,
Mynediad i bawb, ffiffti pi.

Ond siom ddaeth i'm rhan yn y cwarfod,
'Dwi'n flin hefo 'mhen yn fy mhlu.
'Does dim sôn am limrigau Edgar,
Dim ond rwtsh gan ryw foi o Ryd-ddu.

Cynan Jones (Manion o'r Mynydd)

Mewn Jyngl

Dim ond i mi sefyll yn llonydd
Mi . . . mi . . . mi fyddaf yn saff
A pheidio arddangos ansicrwydd
Ca . . . cadw 'mhen, bod yn graff.
Mae nacw'n sgyrnygu'n go arw,
A hwnna'n grechwen i gyd,
Ond syllu yn syn mae'r rhan fwyaf
Ys . . . ys gwn i am ba hyd?
Does gen i 'run llwybr i ddianc,
Nerfau yn dynn, dynn fel tant.
'Allai'm aros yn f'unfan am byth –
1 . . . 2 . . . 3 – "Bore Da, Blant".

Mair Tomos Ifans (Dolgellau)

Ffotograffydd

Ar bapur mud cofnodaf
F'eiliadau byw,
Ac fesul clic y cofiaf
Freuder dynol-ryw.

Nia Môn (Criw'r Ship)

Mewn Capel Gwag

Yn nhŷ duw mae hi'n dawel,
Tynnaf fy nghap yng nghapel
Yr ŵyl, gan ddisgwyl a ddêl.
'Ddaw o ddim, yn niwedd Awst,
At y tŷ, er cymaint haws
Dod i'r oed o dan ei drawst
Ei hun, yr hanner tenant!
Fe ganaf ei ogoniant,
A chael bod duw yn byw bant.
Rhy eironig o'r hanner
Yw bollt i gloi holl bellter
Duw yn sownd o dan y sêr.

Eurig Salisbury (Y Glêr)

Mewn Cadair Olwyn

(Tanni Grey-Thompson)

Yn y ras, gallaf groesi – y lein wen
        O flaen neb yn heini;
    Ond y staer ddidosturi –
    Y mae hon yn drech na mi.

Emyr Davies (Y Taeogion)

154

Penillion Dychan

Ecolegwyr

O dan y pentyrrau o foncyffion coed,
Yn niwlen wenwynig y llygru di-oed,
Yng Nghantre'r Gwaelod dan godiad y lli,
Yno yn rhywle mae'n cydwybod ni.

Osian Rhys (Y Glêr)

Ecolegwyr

Rwy'n gadwriaethwr tir a môr,
Mae'r sticer ar fy *Four by four*.

Idris Reynolds (Crannog)

Yr Orsedd

Fel tîpis yr Hendra'
Yn eu glas, gwyrdd a gwyn,
Ac mae rhai'n sefyll arholiad
Er mwyn cael edrych fel hyn!

Huw Erith (Tir Mawr)

Ffermwyr

Pan chwiliai'r ffermwr ifanc
Am gariad yn y ddawns,
Roedd dweud ei fod yn ffermwr
Yn gwella peth o'i siawns.
Ond am fod amaethyddiaeth
Mewn cyfnod llwm a thrist,
Fe'i clywir nawr yn dwedyd
Ei fod yn *'farm assist'*.

Arwel Jones (Tan-y-groes)

Y Cabinet

Hufen pob hufen, y *crème de la crème*,
Yn mesur a phwyso mor urddasol eu trem,
Yn trafod mor ddwysgall, am dridiau a mwy,
Pwy ddylai eistedd drws nesa' i bwy.
Prif ddoethion y genedl, detholion y wlad,
Mor gytbwys eu rhagfarn, gwleidyddion tra mad,
Yn cyfri'n ofalus ar fysedd dwy law
Pwy ddylai eistedd fan hyn, a fan draw.
Peidiwn â phoeni am Walia fach wen
Mae Rhodri ar ei orsedd a Duw yn y Nen.
Anghofiwch ddiweithdra, mewnlifiad a'r iaith,
Mae cabinet seddau'r Cynulliad ar waith.
Daeth rhyddid i Gymru drwy gabinet y Bae
Anghofiwn bob gofid, a boddwn bob gwae,
Cawn fyw mewn gogoniant am ganrif a mwy
Wedi setlo pwy gaiff eistedd drws nesa' i bwy.

Dafydd Iwan (Waunfawr)

S4C

Am lwyth o rwtsh y sianel hon
Fe glywir llu o gwynion,
Ond, chwarae teg, dim rwtsh i gyd
Waeth mae 'na hysbysebion.

Jim James (Ffostrasol)

Cymry Cul

Reg a Denzil, Emyr Wyn,
Bryn Terfel, Dydli, Cynan.
Nid Cymry cul mo'r hogia' hyn,
Mae'r rhain yn Gymry llydan.

Gareth Jones (Tir Mawr)

Capelwyr

Cofiaf Nain yn rhyw sôn, pan oedd popeth yn iawn,
A Duw yn Ei Nefoedd, fel bu'r capel yn llawn.
Ac mi gofiaf innau, ar Sul Cwarfod y Plant,
Fel y chwyddai'r dyrfa hyd at hanner cant.
Ond wedyn daeth trai, ac ar dywydd teg
Roedd hi'n wyrth cael mwy na rhyw naw neu ddeg.
Mae Duw yn Ei Nefoedd o hyd, am wn i,
Ond 'does neb yn y capel ond y 'ddau neu dri',
A chyn hir daw'r syrfëwr i olwg y to
A Nefoedd neu beidio, bydd y capel dan glo.

Dafydd Iwan (Waunfawr)

Capelwyr

Mae Salem yn stiwdio
A Gosen yn fflatia,
Maes Parcio 'di Hermon
A warws fydd Beulah,
A chitha, fel finna, wedi mynd yn estroniaid
Ni allwn ond hymian 'O, deuwch, ffyddloniaid'.

John Ogwen (Penrhosgarnedd)

Gwasanaeth Cyfieithu

Ar ôl trechu rhagfarn uniaith
    Fod cyfieithu yn rhy ddrud,
Er bod yma Gymry huawdl,
    Mae'r cyfieithydd heddiw'n fud.

Eifion Lloyd Jones (Dinbych)

Pobol y Cwm

Mae 'na gymaint o newid wynebau
    A phob un mor gythrel o gas,
'Does ryfedd bod rhai yn ei alw
    Yn Bobol y Cwm-po ma's.

Owen James (Crannog)

Pobol y Cwm

Mae 'na lot fawr yn gwylio, yn ôl y ffigyra,
Ond 'chewch chi neb sy'n fodlon cyfadda.
Mae actorion (di-waith) yn deud bod y gyfres
    yn 'crap'
Nes cân nhw gynnig rhan – ac mae nhw yno – chwap.
Os oes gennych ddychymyg sy'n 'mestyn fel lastig
Mae'n bosib ymgolli yn y gor-ddramatig,
Achos fel y gŵyr pawb mae'n bosib creu trochion
Efo lot fawr o ddŵr a dim ond mymryn o sebon.

John Ogwen (Penrhosgarnedd)

Arlywydd

Mae'r Pentagon eisoes 'di llunio strategaeth
Rhag ofn na chaiff Bush druan ei ethol eilwaith.
Mae swydd yn ei aros heb dorri'r un rheol
Gynted ag y bydd Mici Mows yn ymddeol.

Ann Davies (Llansannan)

Unrhyw Elusen

Mae gennyf rai perthnasau
Yn y sŵ tu fas i'r dre,
A 'na pam rwy'n cyfrannu
At yr R.S.P.C.A.

Jim James (Ffostrasol)

Yr Archfarchnad

Cyfleus iawn yw'r glorian iaith
    Sy'n Safeway ac yn Tesco;
Y mae'n tafoli'r gwych a'r gwael
    I ni, ond yn tanbrisio
Ein hurddas gyda mesur gwan
Ar silffoedd 'tw ffor ddy preis of wan'.

Twm Prys Jones (Caernarfon)

Yr Archfarchnad

Dowch, bobl cefn gwlad, yn eich miloedd,
Dowch, llenwch eich cerbydau chwim,
A chiwio am 'Gynnig y Ganrif' –
'Dan ni'n rhannu hoelion AM DDIM.
Cewch hoelen os ydach chi'n siopwr
Neu ffermwr, pensiynwr cyn 3 yn y pnawn;
Dowch, holl ddynion busnes bach lleol,
I'w gwneud yn ARCH-farchnad go iawn!

Ioan Roberts (Bro Alaw)

Y Wasg

Os wyt ti yn esgymun
Heb ddima' goch y delyn,
Wel, gad i ni dy godi fry
Er mwyn dy saethu wedyn.

Cynan Jones (Manion o'r Mynydd)

Rhaglenni Gwyliau

Maen nhw'n dangos y traethau bob amser
yn hudolus dan gryman o loer,
maen nhw'n dangos y merched yn gynnes
ac yn dweud fod y cwrw yn oer.
Ond dychmygwch fy siom wedi cyrraedd,
a'r cwmwl yn cuddio'r hen loer,
y cwrw'n y bar wedi poethi
a'r genod 'di hen fyd yn oer.

Tudur Dylan Jones (Y Taeogion)

Ffôn Boced

A llonydd gorffenedig
Yw llonydd y Lôn Goed . . .
Didl-î-di, didl-î-di, didl-î-di-dî . . .

Arwel Roberts (Criw'r Ship)

Ffeministiaeth

Mae'r wraig 'cw'n ffeministwraig frwd,
Yn gryf iawn ei daliadau.
Mae hi'n protestio rownd y rîl
A brwydro dros ei hawliau.
Rwy'n ei chefnogi gant y cant
Ond un peth sy'n fy mhoeni –
Nid yw hi gartre'n aml iawn,
'Does neb i olchi llestri.

Aneurin Owen (Llansannan)

Cyfiawnder

Mor anodd, er im gael fy arwain,
    Yw dilyn dy lwybrau di,
A minnau ddim ond yn dymuno
    Cael y tegwch sydd orau i mi.

John Ogwen (Penrhosgarnedd)

Unrhyw Hysbyseb Deledu

(Claims Direct)

Mewn distryw, boed Dduw, neu ddyn, neu ryw sarff,
    neu'r sêr, ers y cychwyn
  bu o hyd ynom bob un
  awydd i feio rhywun.

Ceri Wyn Jones (Y Taeogion)

Y Cyfrifiad

"'All ffigyre ddim dweud c'lwydde,"
Dyna ddwed gwybodus rai,
"Ond o beidio codi'r cwestiwn
Gwnawn rif bach yn llawer llai."

Beryl H. Griffiths (Penllyn)

162

Rhaglenni Coginio

Diolchwn i'r oes fodern,
Rhown iddi fawl a chlod,
Cans nid oedd neb yn bwyta
Cyn bod y teli'n bod.

Arwel Jones (Tan-y-groes)

Y Post Brenhinol

Fe gewch o hyd ddaioni
Ymhob gweithgaredd ffôl
Fel newid enw cwmni
Ac yna'i newid 'nôl;
A bellach yn ein trefi
Fe gânt ryw fendith fawr:
Y Post fydd hwyr yn cyrraedd
Ond unwaith y dydd nawr.

Elwyn Breese (Bro Ddyfi)

Cyfrifiadur

Roedd hwn yn hollwybodus
Pan ddaeth e gynta' i'r byd;
Ymennydd yn llawn ffeithiau,
A chywir yw o hyd.
Yr ydwyf yn gredadun,
Ond eto'r cwestiwn mawr:
"A oes 'na Dduw?" gofynnais,
A'r ateb ddaeth: "Oes nawr."

Roy Davies (Y Sgwod)

Unrhyw Wasanaeth Cyhoeddus

Fe gefais gerdyn mynd am ddim
Ar ôl cryn lot o ffws.
Ym mherfedd gwlad, beth ydyw gwerth
Y cerdyn – heb ddim bws?

Eirlys Davies (Merched y Wawr Dyfed)

Tŷ'r Arglwyddi

"'Dwi'n mynd i'r Hows o' Lords am sbel,"
Ddwedai 'Nhad yn y dyddiau gynt
Wrth fynd efo'i 'Ddaily Herald'
I'r tŷ bach gwaelod 'rardd ar ei hynt.
I'w eiriau roedd mwy na gwirionedd
A 'dw inna yn llinach ei ddweud,
Yn Nhŷ Ucha' Llundain fe'u clywn nhw o hyd
Yn malu'r hyn roedd Nhad yn 'i wneud!

John Ogwen (Penrhosgarnedd)

Aciwbigo

Mae'n rhyfedd fod nodwydd sy'n pigo eich ysgwydd
Yn gwneud ambell aflwydd yn iach,
Ac mae'n anodd dirnad mai gwella eich llygad
Wna pigiad ar flaen eich bys bach.
Pe sodrwn y nodwydd yn nhroed ambell Arglwydd
Neu ambell Archdderwydd llawn gwynt,
A fydde'r pigiade'n llonyddu'u tafode
A'u geirie yn gallach na chynt?
Gwleidyddion sy'n diodde o wêr yn eu clustie –
Maent ishe ryw driniaeth go gas;
Ni wn pa effeithie a gâi'r holl nodwydde,
Ond, jawch, bydde'n sbort ffindio ma's!

Emyr Davies (Y Taeogion)

Trefnydd Gwyliau

Addawodd im y nefoedd
A gwir a ddywedodd o,
Ond y nefoedd oedd ganddo mewn golwg
Oedd honno a welwn drwy'r to!

John Ogwen (Penrhosgarnedd)

Cynadleddau

Af i gynhadledd fy mhlaid yn frwd fy mwriadau,
Rwyf am ddweud fy marn ac am ei siglo i'w seiliau,
Ond dof adre'n ddiniwed wedi'r gwrando maith
'Rôl bwrw 'mhleidlais i'r Pwyllgor Gwaith!

Steven Jones (Tegeingl)

Y Beibl Cymraeg Newydd

Er i ni newid dy gôt
A dy iaith,
Does 'na neb yn dy 'nabod
Dithau chwaith.

John Gruffydd Jones (Bro Cernyw)

Angladd Brenhinol

Daeth yno filoedd, mae'n rhaid cyfadda,
I daeogaidd dalu'r gymwynas ola',
Ond peidied neb â digalonni,
Mae un yn llai i dalu amdani.

John Ogwen (Penrhosgarnedd)

Rhaglen Deledu

(Crwydro)

Ai dysgu mwy am Gymru fach
Yw amcan gwylio Iolo?
Os felly, pam na chofiaf i
Fawr mwy na'i *shorts* a'i din o?

Elinor Gwynn (Yr Howgéts)

Arwr (Pêl-droediwr)

Yr oedd y ddalen gefn yn llawn
Bob Sul am ddawn ei gicio,
Ond dyna falch oedd Stryd y Fflyd
Na wyddai pryd i beidio.

Iwan Bryn Williams (Penllyn)

Camerâu Cyflymder

Mae'r camera'n deg i'r cryf a'r gwan,
   mewn fan ac mewn bocs melyn,
er 'mod i'n gyrru'r injan dân –
   a'r tân yn nhŷ'r prif gopyn!

Eifion Lloyd Jones (Dinbych)

Plant Pobl Eraill

Wrth eu gweld nhw ymhobman o'm cwmpas
Cofiaf 'hysbys y dengys y dyn'
Ac anodd yw bod rhy feirniadol –
O'n i'n 'ffrindia' 'fo mam mwy nag un.

John Ogwen (Penrhosgarnedd)

Englynion Amrywiol

'Gwyn y Gwêl y Frân ei Chyw'

Er ei eiriau a'i herio, er ei fod
    Trwy ei fyw'n cythruddo,
  Maddau ei fam iddo fo
  Yw maddau pob dim iddo.

Tudur Dylan Jones (Y Taeogion)

Hen fyd y wialen fedw . . .

Hen fyd y wialen fedw; – os gwawdiwn
    Ei ddysgeidiaeth arw
  Fallai fod llai, ar fy llw,
  O'r 'ni' anwar yn hwnnw.

Dic Jones (Crannog)

Englyn yn cynnwys llinell gyfarwydd

Gweddi Bush a Blair

O Dad, yn deulu dedwydd – yr unwn
    i rannu â'n gilydd
  glod am berswadio'r gwledydd
  nad oes ffordd ond ffordd ein ffydd.

Dafydd Williams (Y Sgwod)

Hir iawn oedd amser unwaith . . .

Pan oedd pob haf yn afiaith, – y ddoe mwyn
    Pan oedd Mam yn berffaith,
   Cyn dod oes y groes a'r graith
   Hir iawn oedd amser unwaith.

Gwilym Fychan (Bro Ddyfi)

William oedd yn ei wely . . .

Neithiwr roedd angau'n nythu – yn Golan,
    A'r gelain yn crasu'n
   Y Swdán, ond ym Maes-du
   William oedd yn ei wely.

Gwilym Fychan (Bro Ddyfi)

Araf iawn yr af yno . . .

Yn ddi-oed wrth freuddwydio – yn ifanc,
    awn i hafau'r henfro;
   Â'r cen ar ffenestri'r co'
   araf iawn yr af yno.

Dafydd Williams (Y Sgwod)

Mi welais ar y Moelwyn . . .

Mi welais ar y Moelwyn – erwau grug
    Lle bu'r graig noethlymun
   Tan ebillio dwylo dyn,
   Dwylo heb neb i'w dilyn.

Nia Powell (Manion o'r Mynydd)

Nid yw Ned yn mynd yn iau . . .

Heddiw fe ddaw'r angladdau yn fynych
    Wrth i'r fynwent hithau
   Ymledu yn deimladau;
   Nid yw Ned yn mynd yn iau.

Gareth Williams (Tir Mawr)

Af i lawr i'r Efail-wen . . .

Parhau y mae'r clwydi pren – yn y ffordd,
    A phan fyddwy' angen
   Megino fflam y gynnen
   Af i lawr i'r Efail-wen.

Emyr Davies (Y Taeogion)

Pan fo . . .

Pan fo rhygnu tylluan – yn y clyw
    A'r cloc yn tic-tocian
   Y mae awr yr oriau mân
   Yn hwy na'r nos ei hunan.

Idris Reynolds (Crannog)

Mi wn wrth odre'r mynydd . . .

Mi wn wrth odre'r mynydd – yn y Nant
    Mai un iaith yw trywydd
   Y rhiw serth, ond mae'n llwybr sydd
   Yn hollti ar gopa'r gelltydd.

Ifan Prys (Caernarfon)

Yr wy'n fòs arnaf fy hun . . .

Yr wy'n fòs arnaf fy hun – a minnau'n
   Hwsmona fy nhyddyn,
  Ond o hyd mae llygad un
  Na welaf yn fy nilyn.

Owen James (Crannog)

Englyn ar yr odl 'os'

*(Soar Mynydd Moelunben, capel a gaewyd ac sydd
bellach yn llety anifeiliaid)*

Er bod Soar yn aros – i'w annwyl
   Ffyddloniaid ymddangos,
  Ychen sydd yn Nhŷ'r Achos
  Ac adar yn oedfa'r nos.

Dafydd Emrys (Bro Cernyw)

Y mae rhai . . .

Y mae rhai'n y Gymru hon – am dy weld
   Yn mud ildio, Seimon,
  A Thudweiliog taeogion
  O dŷ i dŷ dan y don.

Karen Owen (Y Sgwod)

171

Englyn yn cynnwys 'Rygbi'

(yn nhîm Iwerddon, 2002, roedd Protestant o Ulster
yn sefyll ochr yn ochr â Phabyddion Munster,
Connaght a Leinster)

Na, ni welaf yn Nulyn hen gleisiau
    eglwysig dau elyn;
   mewn rygbi mae'r weddi'n un
   ac mewn gêm mae 'na gymun.

Ceri Wyn Jones (Y Taeogion)

Englyn yn cynnwys Sais/Saesnes enwog

Wel, mi ffeindiest ti destun – a hwnnw'n
    Anodd, Mr Meuryn.
Oes 'na wir dduw unrhyw un
Yn Ingland sy'n werth englyn?

Raymond Osborne Jones (Ffair-rhos)

Cywyddau

Cadwraeth

Er rhoi aur i gadw'r wig
ac arian i wal gerrig
hen fur yr iaith ddeil yn frau,
yn egwan ar geiniogau.
Y genedl a all gynnal
y genau goeg yn ei gwâl
ni wêl werth i'n Prifwyl hen,
na'r bri ar wobrau'r awen.
Hen fframwaith ein cymdeithas
wertha'r rhai na ŵyr ei thras,
a rhy hwyr yw cynnig grant
i ni wedi'n difodiant.

John Glyn Jones (Dinbych)

Ofn

Ofni wnaf yn nwfn y nos
Luoedd anwel y ddunos,
Y llaw gudd a llewyg oer
Bysedd ei rhwbio iasoer.

Ofni'r afon a'r rhwyfwr,
Ofn y daith i fin y dŵr;
Ofni'r haul, rhag ofn y rhydd
Ei olau ar fy ngh'wilydd.

Ofni clorian yr annoeth,
Ofni pris y dewis doeth.
Mae pren Eden yn codi
Fy ofn fy hun ynof i.

Wyn Owens (Beca)

Cerrig yr Orsedd

Mi wn mor ddrud yw'r meini
yn ein lol blynyddol ni!
Y Ni â'n cerddi â'n cân
yn gwario craig o arian!

Dur y graig fu'n cadw'r gwres
drwy ein llên, drwy'n holl hanes;
Un rhan wâr o'n coron ŷnt
a rhuddin ein cof drwyddynt.

Yn dyrau *polystyrene*
heb fêr, yn gyllell heb fin,
ein gŵyl yn blastig i gyd,
yna'n cof dry'n wag hefyd.

Arwyn Groe (Dolgellau)

Gwahoddiad

Annwyl Syr,
                Fe glywais sôn
Nos Iau, gan flaenor Seion,
Am y ddau o Salem ddaeth
I degwch ein cymdogaeth;
Ac o'n bodd fe'ch gwahoddwn
I'n plith yn y capel hwn.
Yma dyn da sy'n was Duw,
A gweinidog iawn ydyw.
O dewch i ymledu'r dôn
Yn niwyd achos Seion;

Yno'n siŵr eich angen sydd,
Rhys Harries.
                (Y Trysorydd)

Dai Rees Davies (Ffostrasol)

Y Canlyniad

(Profiad mam ifanc)

Heno caf, caf o bob cwr
Neges yr arbenigwr;
Tawel ddweud tu ôl i ddôr
Fod y diwedd yn deor
Yn fy mru; ei wely aeth
Yn wely i farwolaeth.

"Dos di, fy mychan annwyl.
Gwylia loes! Dos i gael hwyl.
Anweswn cyn daw noswyl . . ."

Yn y groth fu iti'n grud,
Yn hafan rhag pob clefyd,
Y mae pang cario angau,
Y mae ei wâl o'n trymhau;
Fy nhu fewn i hwn yn faeth,
I glefyd yn ysglyfaeth;
Yno'n gynnes, rwy'n geni
Fy nifa'n fyw ynof fi.

"Dos di, fy mach, paid crio;
Dos at Dad heno i swatio,
I'w gôl iach a diogel o."

Rhys Dafis (Aberhafren)

Euogrwydd

Fy hun y byddaf heno
yn sŵn y cur sy'n y co';
fy hun gyda'r morthwyl fydd
yn hoelio ar fy welydd;
sŵn â'i adlais yn edliw
nes agor hollt, yna'r sgriw'n
crafangu'n swnllyd-fudan
i 'myw, nes bod ymhob man;
suddo'n fy mod nes iddi
ganfod fy nghydwybod i.

Rhys Iorwerth (Aberhafren)

Euogrwydd

Mae un y tu mewn i mi
a'i sibrwd yn fy sobri;
un dieflig ei bigo,
un hir ei gleddyf yw o,
a hŷn na phob dechrau yw,
iau'i oed na fory ydyw.

Os yw'n un â phob munud
a'i ddoe yn heddiw o hyd,
'dyw hwn a'i deimladau od
yn neb yr wy'n ei 'nabod.

Weithiau, rhyw amau imi
ei weld yn eraill wnaf i.

Mari Lisa (Y Garfan)

Cegin

Aeth amser swper yn sarn
O adael y ford gadarn;
Wedi'r sgwrsio dros gyrsiau
Y mân sôn a'r ymnesáu,
O raid fe aeth y ford fwyd
Yn deulu a dawelwyd.
Swperau hwylus, parod
I bob un ei hun yw'r nod,
Yn ddi-hid o'r gegin dda,
Yn estron gan gyfleustra;
Lle estron heb sŵn llestri
Yw swper ein hamser ni.

Emyr Davies (Y Taeogion)

Etifeddiaeth

Heddiw rhoddir arwyddion
'Ar werth' hyd y Gymru hon,
ond nid yw gwerth ein perthyn
at flas marchnata fel hyn;
collir ein tir fesul tŷ,
fel anadl yn diflannu.

Mae pentref ein cartrefi
yn mynd yn ddiarth i mi,
a'n heniaith fel ein hanes
yn parhau dan felltith pres.
Y mae bro i'w chael am bris,
a'r diarth biau'r dewis.

Emyr Roberts (Waunfawr)

Anifail

Roedd yr ast fach yn wachul
A'i chou yn wag. Pylai'i chnul
Gannwyll egwan ei llygaid
A heb ymdroi 'i rhoi fu raid
O'i champau hi'n ei 'chwm pell'
I'w gwella dan y gyllell

Ond o fainc yr adfywhad
Araf fu ei hadferiad.
Yn ei llesgedd gorweddai
Yno heb wawch, fel pe bai
Yn gorff oer, nes i'r un gair, 'Ffan',
Ei hennill ati'i hunan.

Dic Jones (Crannog)

Caethiwed

Yn lol gan bobol y byd
A'n cof yn denig hefyd
Heb synnwyr pen, heb enw
Arnom chwaith, yn eu hiaith nhw,
Mae rhai'n y Gymru hanner
Byw hon am wynebu her
Ei dwyn o gadwyn ein gwarth
I gof y byd dan gyfarth . . .
Mae un tennyn i'n tynnu
Yn ein hôl, fel rhyw gŵn hy.
Enillwyd y Cynulliad,
Ond o'i gael o, collwyd gwlad.

Twm Morys (Tywysogion)

Llyfr

Heddiw 'does ond delweddau'n
ein gwyll diorwel yn gwau,
delwedd ar sgrin yn dilyn
delw oer ei chwedl ei hun;
a rhith ar rith yn creithio
gofod glas cynfas y co',
daw delwedd ansylweddol
yr un un darlun yn ôl:
drwy lygad byd enbyd aeth
yr eilun yn realaeth,
a hen brint dalennau brau
y gwir yn gaeth i'r geiriau.

Iwan Llwyd (Penrhosgarnedd)

Dyddiadur

Ddoe, gwelais ynddo ef
ddydd ar ôl dydd yn dioddef
poenau meddyliau a ddaeth
i aros, a pheth hiraeth;
ychydig o 'mhechodau
a rhin yr edifarhau;
a ni'n dau; yn mynd a dod
o oedfa i anghydfod,
ac o'r rhew yn ôl i'r gwres
yn un Ionawr o'n hanes.
Mae tudalen eleni
yn wag, yn barod i ni.

Nici Beech (Criw'r Ship)

Cyrraedd

(wrth wylio anwylyd yn marw)

Taith hir yw'r daith drwy hiraeth,
ac o hyd, byddaf yn gaeth
wrth weld eiddil yn cilio
a'i liw yn ei adael o.

Yn ei boen yn dihoeni,
y mae o'n ddieithr i mi;
mae'i lygad wedi 'ngadael,
hŷn na hen ei galon wael.

A'i wely'n oer, ein hwyl ni
ddiflannodd o fyw 'leni,
ond i un, taith at ei Dad
a wna'i gyrraedd yn gariad.

Elina Owen (Yr Howgéts)

Newid

(Cassius Clay yn newid ei enw i fod yn Muhammad Ali)

Yn dy enw, cadwyni
yr hen, hen drais deimlaist di;
roedd dolur ddoe dy deulu'n
y ddau air – a thithau'n ddu,
ddiymadferth yn perthyn
i 'sgrythur y gwerthwyr gwyn.

A'r enw fu'n cynrhoni,
yn haearn tân arnat ti'n
serio o hyd; ond o'r sarhau,
o lyngyr y caethlongau,
o feichiau dyddiau'r pris da
a'r chwip, daeth pili-pala.

Myrddin ap Dafydd (Tir Mawr)

Golygfa

(Angladd Wil Bryn Celyn – William Edwards,
Terwyn, Cwm Cywarch, Dinas Mawddwy,
a fu farw 28 Mawrth, 2003, yn 31 mlwydd oed)

Y wlad a heidiodd i'r lôn
yn dew o siwtiau duon,
y stryd i gyd yn llawn gwae,
yn finiog ei griddfannau.
Â'r angau yn ein rhengoedd,
awr ddu, ddu ym Mawddwy oedd.

Un maen ir yn drwm mewn arch,
a'r caead dros aur Cywarch.

*   *   *

Y tu hwnt i'r dillad du,
sawl awr o ddwys alaru
a erys, na all geiriau
na wylo hallt ei leihau.

Arwyn Groe (Dolgellau)

184

Cymwynas

A'r dagrau eto'n cronni
y mae 'na waedd ynom ni,
a fydd dragywydd yn gaeth
i'r don o anghrediniaeth.
Ni fu awel daweled
â'r hyn o eiriau a red
o wefus i wefus oer,
o wres yr oriau iasoer.
Ynom ni mae un a all
haneru baich un arall,
rhoi rhywun o flaen hunan
a rhoi mwy na geiriau mân.

Gwenallt Llwyd Ifan (Tal-y-bont)

Hwiangerdd

Roedd hunllef yn fy llefen
un hwyr, dan fy mlanced wen,
a Mam yn yr oriau mân
â deall lond ei hwian.
Ei nodau yn bwythau bach
yn gwau noson gynhesach,
a minnau, cyn pen munud,
yn gwsg, yn freuddwyd i gyd.

Dyri, a dim byd arall,
yn trin holl fyddin y fall,
a daw, er i'r gân dewi,
'chydig o'i miwsig i mi.

Mari Lisa (Y Garfan)

185

Hwiangerdd

Si-hai-lwli, 'mabi mwyn,
Huna yng nghroeso'r gwanwyn
A'i gyffro, paid wylo, del,
Deued dy gwsg yn dawel.

Yn ddiogel wrth dawelu
Mae i'w gael yng nghôl mam-gu
Gariad sy'n amhrisiadwy
Yn ein dal ynghlwm ein dwy.

Wyt wefr, a chaf gennyt ti
Yr afiaith wna i'm brofi
Rhyfeddod fy nyfodol
Heno 'nghwsg yng ngwres fy nghôl.

Gwen Jones (Merched y Wawr Dyfed)

Fy Ngelyn

('I am the enemy you killed, my friend . . .' – W.O.)

Yn yr heulwen ni wenai,
roedd ei hosgo'n union a'i
gwedd ifanc, bygddu hefyd

yn rhuo'i barn ar y byd:
oni wyddai mai rhyddid
oedd y gwres, y lladd a gwrid

y fflamau uwch toeau'r tir?
Annuwioldeb anialdir
ddaeth â'r wraig ddieithr i'r oed,

a chwifiais innau, 'i chyfoed,
y gwn i ddathlu'r geni –
am na wenai, saethais hi.

Iwan Llwyd (Penrhosgarnedd)

Cysgod

Derwen â'i llond o eiriau
ar ddôl sy'n cysgodi'r ddau,
a changhennau'r gwenau gynt
yn estyn y wawr drostynt,
ac ôl cerfiadau'r galon
yn rhoi sglein ar risgil hon.

Ond er iddo gerfio gwên
rhyw ddwy awr ar y dderwen
ni wnaeth hi ond colli'r co',
a glân yw'r rhisgil yno,
ac ond un lle gwenai dau,
a hen dderwen ddieiriau.

Tudur Dylan Jones (Y Taeogion)

Amser

Fan draw ar ylfin o draeth
Y môr sy'n llawn ymyrraeth
Nawn a hwyr, yno o hyd
Yn chwalu cyn dychwelyd
At yr argae o raean
Yn un mur o ewyn mân.
Oera pob doe wrth aros
Am guriadau nodau'r nos
Gyda sicrwydd tragwyddol
Na ddaw i ni ddoe yn ôl.

Warden morlan ein hanes
Piau y tonnau a'r tes.
Â'r un haul oren o hyd
Enfys a bontia'r cynfyd
Efo ni, rai di-drefn iawn
Yn hirlwm bywyd gorlawn.
Ei fflam sy'n cyfri'n hamser
Yn sŵn tipiadau y sêr.

Twm Prys (Caernarfon)

Brawd

Yr oet dymer hyd hemo
yng nghrafiadau caeau'r co';
ond er cau ein dyrnau'n dynn
a diawlio fel dau elyn
yn dân golau 'da'n gilydd
fore gwyn a derfyn dydd,
os dôi rhai o fois y dre
â chweryl yn eu chware,
a'u mil o enwau milain
a'u rhegfeydd fel carreg fain,
yr oet wrth fy ochr bob tro;
yn y tân, roeddet yno.

Ceri Wyn Jones (Y Taeogion)

Dyled

Yn Israel mor wael yw'r hin,
Ymdaro mae dwy werin
Lle mae hen, hen elyniaeth
Yn trigo i wneud drwg yn waeth.

Un lladd yn dial y llall,
Un marw am wae arall
Yn ofer gylch-y-diafol
O wylo nes talu'n ôl.

Mae i ddyn gael dant am ddant
Yn ddiwedd ar faddeuant,
A'i ddyled o ddialedd
A erys fyth dros ei fedd.

Dic Jones (Crannog)

Nos Sadwrn

Byr yw cam y llwybrau cul
i'r llu sy'n caru cweryl
angylion y lôn onest,
a'u bro'n datŵ ar eu brest,
y wariars yn eu cwrw'n
rheg gaeth ar balmantau'r cŵn:

yna hyd stryd drist y dre
â'i wydr rhaid troi am adre
heb gyfiawnhad na phader,
yn flin, a'r un weddi flêr
fu angor pob efengyl –
rhifo'r sêr ar fore Sul.

Iwan Llwyd (Penrhosgarnedd)

Hawl

*Cerddai fy nhaid dair milltir bob dydd, haf a gaeaf, o Rachub, i
gyrraedd Chwarel y Penrhyn erbyn 8.00 y bore, a thair milltir wedyn
ar ôl gorffen gwaith am 5.00 yr hwyr. Cyn gynted ag y ganwyd mab
iddo, tyngodd lw na châi 'llanc' fynd ar gyfyl y chwarel.*

*Roedd Douglas Pennant yn ffrindiau mawr â Gladstone. Drwy
fanteisio ar y berthynas honno, llwyddodd i berswadio ei ffrind i fynd
â Mesur drwy'r Senedd, a roddai'r hawl i'r chwarelwyr i ffensio erw
bob un o dir comin, er mwyn cadw anifeiliaid arno. Roedd dod o hyd
i ddull o ychwanegu at eu hincwm yn well na rhoi cyflog teg iddynt
am eu llafur yn ei chwarel. (Hyd y dydd heddiw, 'Erwau Gladstone'
yw'r enw a roddir ar y caeau bychain o flaen a thu cefn i fythynnod
Tan y Bwlch a Llwybr Main ym Mynydd Llandygái).*

Fy Nhaid a hawliodd fan hyn
anrheg yr Arglwydd Penrhyn;
llaid a manwellt y mynydd,
rhannai'r hawl i'w bori'n rhydd.

Wedi dydd gwaith deuddeg awr,
gohiriai gwsg ei hwyrawr
rhag i 'Nhad fargeinio'i oes,
rhag i hyn grogi'i einioes.

Fy Nhaid drwy'r streic ofnadwy
a holltai ddimai yn ddwy
i roi Coleg a thegwch
i'r llanc o fudreddi'r llwch.

John Hywyn (Glannau Llyfni)

Beddargraff

(Dr David Kelly)

Dan wŷdd yr allt anniddig,
a gwâl anwadal y wig,
mae un fel ni ein hunain
yng nghonglau'r brigau a'r brain,
dan y gwair mud yn gorwedd;

aeth o fyd rhagrith i'w fedd,
a'r rhai a fradychai frawd
i ennill bri â phennawd,
yn dal i'w ddedfrydu o:

mae'n henwau ninnau yno
yn ein braw, dan gefnen brudd
ein heneidiau annedwydd.

Iwan Llwyd (Penrhosgarnedd)

Buddugoliaeth!

(1904)

Cri rwyfus oedd eu crefydd
Ar ffordd Blaenannerch i'r ffydd,
A'u duwdod oedd yn dadwrdd
Wrth ddyblu'r canu'n y cwrdd.
Heb rwysg roedd y capel brau
I'w feini yn riddfannau,
Yn haleliwia lawen
A'r prawf yn y corau pren.
O'r fan, cri galar a fu'n
Dadwrdd, ond ddegawd wedyn,
A'u hogiau dan faen agos –
Duw a ffydd yng ngwaelod ffos.

Emyr Davies (Y Taeogion)

Amser

*(i deulu Sukhon, Nablus, Samariaid sy'n dal i
ddisgwyl am eu hamser yn wyneb dirmyg
oesol Jiwda)*

Y mae hiraeth Samaria
Yn hŷn na gaeaf na ha',
Hen boen am y tir lle bu
Hil Dachau'n ymwladychu,
A'u hiraeth ydyw cerrig
Y lôn, diferion eu dig.
Ond lôn Jihad eleni,
A lôn ailgaffael yw hi
O'r tir ofer eu trefydd.
Heno criw â cherrig rhydd
Sy'n hel dan gynfas y nos
I herio'r tanc sy'n aros
Yn drwyn hir i daro'n ôl;
Dafydd yng ngwisg y diafol
Ydyw hwn sy'n mynnu'i dâl,
Ei Addewid a'i ddial
Yr un mor oesol â'r ha';
Mae Herod yn Samaria.

Nia Powell (Manion o'r Mynydd)

Cymdogaeth

*(i ferch leol a fu farw yn ymgeleddu anffodusion
Llundain)*

Ddoe ei rhan oedd rhoi'i hynni'n
Y Sodom na wyddom ni
I gadw'r llesg draw o'r llyn,
A'r diobaith o'r dibyn.

Cwrbiau'r pentrefi carbord
A'r llu heb wely na bord
Oedd y gymdogaeth iddi,
A holl fryd ei lleufer hi'n
Gweini gwên i'r cregyn gwŷr
A geisiai'r nodwydd gysur.

Ac mae llefain y rheiny
Yn llai, beth, y man lle bu.

Dic Jones (Crannog)

Ofn

Os yw dydd yn glasu dôl
Y genynnau gwanwynol
Mae lleuad anweladwy
Uwch y fro yn cludo clwy.

Dros waered y teledu,
Dros dirluniau'r dyddiau du,
Poer y gwynt sy'n mapio'r gwae
Yn fadarch o ofidiau,

Ac yn y galon lonydd
Rhyw ias oer ers amser sydd
Yn trymhau'r cymylau mwg
A welir hwnt i'r golwg.

Idris Reynolds (Crannog)

Cywydd Serch

(i Catrin y wraig)

Awel wyt yn crwydro'r lan,
wyt dawelwch, wyt wylan
y lli am i draethau Llŷn
dy greu â dagrau ewyn;
onid lliw dy lygaid llon
yw'r dŵr yn Aberdaron?

Ein ddoe, fu unwaith neu ddwy'n
rhythu mud uwch Porth Meudwy –
oeddet Enlli o ddiarth,
ond doist, wedi clirio'r tarth
eto'n ôl, wyt Anelog
o noeth yn ein Tir-na-n'Og;
dyma'n man, lle myn y môr
arthio ar greigiau Porthor.

Wyt Benrhyn Llŷn traethell haf
yn y galon, a gwelaf
mai un ydym; munudau
lle nad oes ond llanw dau'n
crychu'r dŵr, pan dry dy wên
yn sêr dros fro Rhoshirw'en.

Tegwyn Jones (Bro Ddyfi)

'Mi glywais yr hen leisiau . . .'

(Neil Lennon yn siarad – chwaraewr a chapten
tîm pêl-droed Gogledd Iwerddon. Fe roddodd y
gorau i chwarae wedi i rywun fygwth ei ladd.)

Yn y miloedd, mi welais
y lliw a'r crysau'n un llais,
a hwyl oes a chred un wlad
ar ddolydd yr addoliad;
ac yn nyfnder y teras
eu cân fu'n drydan o dras,
yn waedd o gôr gwyrdd a gwyn,
fy myd i gyd. Ac wedyn
mi glywais yr hen leisiau
yn rhoi eu tiwn i'r to iau;
yn sŵn yr hen gasineb
rwy' i yn awr yn nhir neb.

Geraint Roberts (Y Sgwod)

Sgwrs rhwng Dau Glaf

"O! rwy'n wael, er na weli
Olwg dyn claf arnaf i;
Er fy mod yn fy mlodau
Ac yn iach fel mil o gnau,
Mae anaf Mai yn fy mêr.
Un wyf fu'n caru'n ofer."

"Rwy'n syn wrth weld rhywun sâl
 dwyfoch fel dau afal.
Nid y clinic yng Nghriciath
Ydi'r fan i wrid o'r fath.
Yli gwelw ydw i:
Yr ydwyf wedi priodi."

Twm Morys (Caernarfon)

Cell

'Does ddewin ŵyr gyfrinach
Y gallu i fyw'n y gell fach,
Cans rhodd yw gan Dduw i ddyn
I gynnal gwead genyn.
Fe garcharwyd breuddwydion
Oriau oes rhwng muriau hon,
A rhywsut mae'n goroesi,
Mae'n wyrth wedi'r elom ni
Ac nid oes fedd lle'i cleddir
Is carn ar un darn o dir.
Hon yw llinyn ein llinach
Eto'n byw mewn plentyn bach.

Machraeth (Monwyr)

Gwastraff

Daw marchogion ein lonydd
ar wib i gael bod yn rhydd.
Cael ias ar ryfyg glasoed
yn ail wynt y canol oed.
Hyrddio'n wyllt hyd ein ffyrdd ni,
olwynion yr aileni
mwy'n ddwy olwyn o ddolur
yn angau y darnau dur.

Gwelwn ôl lle bu glanhau
heol waed, yna'r blodau
yn arwydd o'r galaru
hir a dwys o fewn rhyw dŷ.

John Glyn Jones (Dinbych)

Sêr y Sgrin

(wrth wylio eitem ar Breakfast News*)*

Geiriau oer sy'n croesi'r sgrin
Am eiliad, 'Cau fydd melin
Ddur Llan-wern a'i gwŷr heb waith',
Ond chwerthin, gwin a gweniaith
Yw unig thema'r 'Wyneb'
A'i sylw oll ar ryw seléb
Yn glòs ar y soffa glyd,
Un ddig'wilydd ei golud,
Yn baent a thinsel, tra bo
Realaeth wrthi'n rhowlio
Heibio, yn ddim ond rhibin
O sgript ar waelod y sgrin.

Nia Powell (Manion o'r Mynydd)

201

Gobaith

Drwy dir ein difrawder daeth
Y dwymyn i fyd amaeth
Lle mae'r golcerth aberthu
Yn cynnau darluniau du.
Eto bydd y co' yn cau
Ar bydew'r ysgerbydau
A briallen hen wanwyn
Ar y fron yn rhifo'r ŵyn.
A daw'r grawn dros dir y graith
O ludw ein caledwaith.

Emyr Jones (Tan-y-groes)

Pryder

Un bore oer, yn les brau
O'i anadl o a minnau,
Aethom i weld gwyrth y môr,
Fel mabinogi'n agor.
Gwenu wnaeth yr hogyn aur;
Yn y brwgaets a'r brigau
Roedd esgyrn mân y gwanwyn,
A'i gri o hyd o gae'r ŵyn.
Ond roedd rhew yn yr ewyn,
A minnau'n gweld mannau gwyn
Ei fabinogi'n agor,
A'i drem o hyd ar y môr.

Twm Morys (Caernarfon)

Galwad Ffôn

Gŵyl Nadolig unig oedd
a rhyw fyd araf ydoedd
i un ymhell o'i gynnwr'
mewn cell o 'stafell ddi-stŵr
yn swatio, ac eto'n gaeth
i'w newyn am gwmnïaeth.

Ennyd a'r ffôn yn canu,
ennyd hir yn llenwi'r tŷ;
cydiai'r ffydd, mae'n codi'r ffôn
yn noeth gan ei obeithion,
nes clywed yn glicied glir
angheuol rif anghywir.

Emyr Roberts (Waunfawr)

Marchnad

(O edrych ar ddarlun Aneurin Jones, Ffermwyr
Penderyn, *1988)*

Ai diamser Penderyn?
A ydyw'r hen wladwyr hyn
Mewn cochddu'n dal i uno
Lliw priddyn a brethyn bro?

Ai diamser Penderyn
Heb ebol dof, heb ôl dyn?
Mewn gwlad ddifarchnad a fydd
Hwsmona rhos a mynydd?

Ai diamser Penderyn?
A ddaw'r llwch i ddyddio'r llun
O hil wâr y ddaear wleb
A'r Bannau ar bob wyneb?

Idris Reynolds (Crannog)

Cwrdd

I'w gôr mawr daeth un gŵr mud
I eistedd am awr astud
A neb arall un bore
Ond corneli'n llenwi'r lle.
Roedd un pelydryn o lwch
Yn eiddew drwy'r llonyddwch
Yn troi i'r corau'n eu tro,
Corau na chaent eu cwyro.
Mor dawel yr oriel hon,
Un teras digantorion,
Trawstiau o faswyr trwstan
Yn delwi wrth godi'r gân.
Yna, sŵn . . . fe droiodd si
Yn sŵn rhusio'n y rhesi:
Hedodd c'lomen mewn ennyd
Oddi yno'n gyffro i gyd.

Emyr Davies (Y Taeogion)

Marchnad

(Oherwydd y Farchnad Rydd, mae plant yn y Trydydd
Byd yn gorfod gweithio oriau lawer am arian prin)

Mewn rhyw hofel nas gwelaf,
ar lawr oer, a haul yr haf
yn ddiawydd o ddiwyd,
drosom ni fe weithi'n fyd
nes bod pwythau d'oriau di
yn Adidas o deidi.

Aeth o'n cof, fel pwyth yn cau,
a newyn y Cwmnïau
yn dal i'w weithio fel dyn
a'i gyflogi fel hogyn.
Ond er hyn, mae 'nillad ras
yn dweud un gair, Adidas.

Iwan Llwyd (Penrhosgarnedd)

Undeb

Nos a dydd ei orchest o
oedd lleferydd llafurio,
yr hawl i grefftwr elwa
ar oriau a dyddiau da
o waith, nes creu cymdeithas
nad yw'n gaeth i dennyn gwas;

aeth drwy'i oes a chraith y drin
ar ei wyneb; yn frenin
ar ei werin ddiflino.
Ond i lais ei deulu o
bu'n fyddar, a'i gymar gaeth
a hawliodd ymreolaeth.

Iwan Llwyd (Penrhosgarnedd)

Magu Anner Odro

Mewn cysgod roedd buwch odro
Wedi'i chur yn llyfu'r llo:
Un oedd â'i genynnau hi
O dras hir i drysori.

Bwydo'r llo ar bowdwr llaeth,
Yna'i throi 'da'r lloi llywaeth,
I flewynna am ddwy flynedd
Gan fwynhau'n y waun mewn hedd.

Hyd yr awr mae'n dod i'w rhan
I eni llo ei hunan;
Yna'i throi, yn wyrth i'w rhes,
Yn fuwch o fewn y fuches.

Emyr Jones (Tan-y-groes)

Hafnos

(Cofio colli perthynas mewn damwain ffordd)

Y mae lôn ugain mlynedd
trwy yr hwyr yn torri'r hedd,
ac ynof, bob awr gynnes,
daw'r naw naw naw eto'n nes;
daw i'r wledd a'r gorweddian,
daw o hyd a'i boen ar dân,
troi ar ras i'r siarad rhwydd
yn daran o ddistawrwydd;
a dioddef mis Mehefin
sy'n greithiau mewn gwydrau gwin.
Un lôn oer, ganol un haf,
ddaw â'i nos flwyddyn nesaf.

Geraint Roberts (Y Sgwod)

Gwahodd Prifwyl 2007

Rwy'n ffansïo dyfod â'r
Ŵyl ledfyw draw i'r Wladfa,
I diriondir yr Andes
Os yw Rhodri'n brin o bres.

Harddach i chwi nag arddel
Torf o Sgows fai tref Esquel,
Ac o Gaiman i Gamwy
Ni fu un maes parcio'n fwy.

Oni wnâi'i chyfrifon hi
Yn iachach, mae'n rhaid ichwi
Addef am dro y byddai'n
Hyfryd o fud yr iaith fain,

Dic Jones (Crannog)

Serch

*(Bu farw Nain ddechrau Tachwedd. Cyfeirir at Taid
yn yr ail bennill.)*

A hi'n dymor mynd ymaith,
Pa ryfedd diwedd y daith
A thywydd oer wrth y ddôr,
A Thachwedd wrth ei hochor?

Dyn â'i serch amdani'n sôn,
Yna'i gael yn ei gwylio'n
Tuthio eto a thwtian,
Cario'r te a phrocio'r tân.

Adwaenwn fod ei hynni
Presennol absennol hi,
Y diwyneb wynebwn
Ym mharhad y marw hwn.

Eurig Salisbury (Y Glêr)

Atgof

Bore o Fai braf a hen
wawr agos ar li'r Ogwen:
crëyr ym mharc yr eog
a gwawd yn neunod y gog;
ei chlychau hi'n chwil a chae
hir o friallu'n chwarae
siawns a dawns llygad y dydd
yn awel tymor newydd:
rhyw fore a aeth, a'i wefr frau
yn llenwi fframiau'r lluniau,
yn bur, heb bobol, heb iaith,
na sŵn eu hanes unwaith.

Iwan Llwyd (Penrhosgarnedd)

Y Mae o Hyd . . .

Y mae o hyd yn y mêr
Rywfodd drwy'i oriau ofer
Hen awydd yn cyniwair
Ei ïau fyth doed Gŵyl Fair.

Bydd arad ym mharadwys
Tir y cof yn torri cwys,
Ŵyn yn glwm, ac egin glas
Eto yn hollti'r clotas,
Ac yntau'n llanc dan y llwyn
Yn aros cwmni morwyn.

Bob tro'r ymestynno'r dydd
Nid yw'r gaea'n dragywydd.

Dic Jones (Crannog)

Galwad

Mae rhai'n dweud bod angen Diwygiad
arall ar Gymru . . .

Â'r gwifrau'n frau, ar lein fry,
Duw eilwaith sy'n deialu
ei alwad ffôn i wlad ffydd
a'r rhifau llwm eu crefydd;
deialu pob adeilad
dau neu dri'r adnodau rhad,
galw'i was ar linell glir
a nhw, rifau anghywir.

Ond yng nghapel ein celwydd
wedi'r dôn, nid ydyw'r dydd
a'i negesau gwag, oesol
yn awr am ei ffonio'n ôl.

Karen Owen (Y Sgwod)

Galwad

*(Galwad y gog o gofio am farwolaeth
Ifor Owen Evans)*

Daw â'r haf i'r ffurfafen
Efo'i llon newyddion hen.
I alw pawb i loywi pâl
Dan nwyf y goeden afal.

Daw â'r erydr i'r erwau
I roi graen ar gaeau'r hau.
Daw, fe ddaw ar ddeheuwynt
Eto heibio ar ei hynt.
Daw'n artaith i'n diffaith dir
O wndwn ei hestrondir.
Pan glywn atsain ar lain wleb
Eto, bydd un na all ateb.

Emyr Jones (Tan-y-groes)

Pentref

Newydd yw'r lampau neon,
a hŷn yw'r gymdeithas hon;
iddi hi rhyw gynnydd ddaeth
i dagu'r hen gymdogaeth.

I'n bro daeth hen dai bach brics
a'u hil o deleholics,
lle mae'r nos yn nos cyn wyth,
a deffro'n ddeffro diffrwyth.

Yn oriau mân y bore
sgwrsio'n hir, hir ar y we;
naid ar hon i Wlad yr Iâ
sy'n haws na mynd drws nesa'.

Ni wêl y lampau melyn
wynebau neb erbyn hyn,
neb â'i ateb i watwar
y sgwrs yng ngholeg y sgwâr.

John Hywyn (Glannau Llyfni)

Diolch am Rodd

Os gwir fod gen i ryw gân
A rhyw allu i'w rhoi allan,
Ac os ces i gynnig iaith
Fy ngwerin imi'n famiaith,

Os drwy ryw ras o'm glasoed
Fy nhir i sy dan fy nhroed,
A'i breiddiau maeth a'i bridd mâl
Fu o 'ngeni'n fy nghynnal,

Os wyf, serch eu lled-gasáu,
Yn dad fy holl wendidau,
I ryw hap diolch yr wyf
Am im fod – mai fi ydwyf.

Dic Jones (Crannog)

Diolch am Rodd

(Er cof am Dafydd Rowlands)

I'n tŷ oer fe ddaethost ti
yn gyforiog o firi
a'n tywys drwy bob tywydd
i haul y de, i olau dydd
a ias dy lais urddasol
a'r crac sy 'mhob roc a rôl:
i droi holl bryddestau'r Ŵyl
yn un gynghanedd annwyl
y daethost, a doe d'wethaf
mynd 'sha thre 'rôl hanner haf
oedd raid, ac mae'r gwydraid gwin
yn oer ar ford dy werin.

Iwan Llwyd (Penrhosgarnedd)

Cosb

Nos a dau yn aros dwrn,
Nos o waed oedd nos Sadwrn.
Deuai'r oerfel i'r gwely,
Deuai'r tad â'i dwrw i'r tŷ.

Heno'n hen mae eto'n hel
Y düwch ym Mro Dawel;
Y rhegwr yn ei gragen
Sy'n rhyw geisio gwisgo gwên.

Ein defod yw dod ein dau
I'w weled ar nos Suliau;
Dod â rhodd, dod â'r goddef,
Dod â dwrn ei benyd ef.

Eirwyn Williams (Llanbed)

Cefn Gwlad

Acer Duw yw Bae Caerdydd.
Yn wylaidd hefo'n gilydd
Awn i'w phyrth, heb groes na phwn,
I ddiolch a gweddïwn
Ar i'r rhain ein harwain ni
Yn unol â'u haelioni.

Ba waeth am fferm a bwthyn?
Ba waeth am gymdogaeth dynn?
Ba waeth fod fwltur y banc
Â'r ifainc yn ei grafanc?
Ba waeth am arf ein darfod?
Ba waeth? Ba waeth yw ein bod?

Nawr, gyd-Gymry, dewch i'r gad
Yn wrol, tewch â'ch siarad.
Cyd-dyrrwn ein tractorau
O wrych i wrych er sicrhau
Rheolaeth yr heolydd,
Ac i'r Diawl â Bae Caerdydd.

Emyr Jones (Tan-y-groes)

Rhodd

Bagiau oes a *Big Issue*
Yn ei law, teithwyr di-liw'n
morgrugo heibio i'w gur –
'sgoi ei rith o ysgrythur;
ambell un am gymuno –
talu punt i'w helpu o
i ailgledru *(pŵl-giledrych*
ar y drefn rhag torri drych
swbwrbia*)* fesul tafell
bendithio'r pac. Dwylo pell
yn estyn y cymun, cwrdd
ar gyffin heb wir gyffwrdd.

Tegwyn Jones (Bro Ddyfi)

Stryd

Yr oedd tref ar ffordd y traeth,
Un eigion o gymdogaeth
Yn hawlio'r bore olaf,
Yn don o liw dan haul haf,
Heb weld ar orwel ei byw
Ragfur dolur, a'r dilyw'n
Dod â'i raeadr o ewyn
Trwy berfedd dinodedd dyn,
Ewyn bae yn derfyn bod,
Caerau'i dai'n froc ar dywod,
Yntau'n un o gregyn gro –
Natur yw'r brenin eto.

Nia Powell (Manion o'r Mynydd)

Y Peiriant Ateb

'Gadewch neges gynhesol,
yna, iawn, fe ffonia'i 'nôl;
rhowch druth yn syth wedi'r sain,
a 'morol rhif i'm harwain?'
meddai'r llais cwrtais cyn cau
y llen ar ei gynlluniau.

Yn y bôn 'doedd neb yno
i wylio'r tractor yn troi
ar gefnen dan heulwen haf,
na sylwi ar neges olaf;
neb oll, mae'r llinell bellach
yn fud ar ôl y wich fach.

Iwan Llwyd (Penrhosgarnedd)

Terfysgaeth

Llusgaf fy nghes i'w fesur
Ar glorian y datgan dur.
Mae'n ges sy'n fy nghlymu'n gaeth
O'i wasgu â'm cynhysgaeth.
Ond fe'i llusgaf bob haf pell
A phacio pen a phicell,
Matsien neu Ddeddfau Penyd
A dŵr oer llonydd a drud
Yn ei fol: a do, fe aeth
Ym Moeing yr amheuaeth.

Ond beth sydd ynghudd yng nghwr
Dy fagiau dithau, deithiwr?

Ifan Prys (Caernarfon)

Af Heno Wrthyf F'hunan . . .

(Er cof am John Seren)

Af heno wrthyf f'hunan
Yn fy ôl i'r un hen fan,
'Nôl a'i weld yn Ucheldir
Yn glaf, a'i wendid yn glir.
Ni chwerwodd, nid ildiodd o
Un ochenaid na chwyno.
Roedd yn drech na'r afiechyd
A dawns ei lygaid o hyd
Yn cuddio pryder Seren
A gwadu'i wae gyda'i wên.

Yn y Cross pryfociwr oedd,
Sydyn ei sialens ydoedd.
Gwylltiai, bygythiai ni i gyd
A'n hamenio 'mhen munud.
Collwyd y strôcs a'r cellwair
A chymêr oedd chwim ei air.

O nos i nos awn ni'n hen
Â'n hiraeth am John Seren.

Dai Jones (Ffair-rhos)

Af Heno Wrthyf F'hunan . . .

Af heno wrthyf f'hunan
yn fy ôl at Lyn y Fan,
i boeri 'nhamaid bara,
ei boeri i'r dŵr lle bu'r da'n
cerdded, heb oedi wedyn
i weld eith y dŵr yn wyn . . .

A heno dof fy hunan
yn fy ôl o Lyn y Fan.
A hwyrach bellach y bydd
ei li'n rhoi imi lonydd,
am nad wyt ddim mwy yn dod
o'i dawelwch diwaelod.

Twm Morys (Y Cŵps)

Marwnad Anifail

(Trigodd camel syrcas ar gae Emyr Oernant
rai blynyddoedd yn ôl)

Tro diflas i'r syrcas oedd,
Yn ei hyd camel ydoedd
Yn giami ar gae Emyr
Tan y fet, a'i wynt yn fyr.
A thrigo wnaeth er gwaethaf
Llaw y glew i wella'i glaf.

Gwae ei ddyfod i frodir
Yr Holstein o'r dwyrain dir
I droi plant o'r dre i Plwmp
I addoli ei ddeulwmp,
A'i ddwyn ar ddiwedd einioes
Yn hen groc i Dan-y-groes.

Dic Jones (Crannog)

Cyfeillach

*(Mae mwy a mwy o bedoffiliaid yn defnyddio'r we
i sgwrsio â phobl ifanc yn hwyr y nos)*

Mae'n hwyr, ond mae 'na eiriau
yn dal i fflachio rhwng dau;
dwy lygoden ddienw'n
llythyru'n oer ydyn nhw.
Un yn hen ar lein y nos,
un arall, iau, yn aros . . .

Ond mae gwe y bore bach
un gusan yn agosach,
a'r neges yn anwesu'n
rhy daer, yn llawer rhy dynn.
Mae sgrech ar sgrin y fechan
a'i byd mud yn ddarnau mân.

Karen Owen (Y Sgwod)

Moelni

Cri unig eco'r henoed
o Dŷ gwag, fel iard o goed,
a glywaf, ac alawon
byw rhyw oes yn furmur bron,
a throes y pregethau rhwydd
yn stori o ddistawrwydd
i weddill, yn ddedwyddyd
dau neu dri'n y moelni mud.
Hwn yw'r Sul sy'n gul o gaeth
o hyd i'r hen drefniadaeth.

Yn rhanedig feirniadol
beio wnawn wrth sbïo'n ôl
heb glywed yr Un ddwedai,
er ei boen, "Rwy'n 'sgwyddo'r bai."

Dewi Wyn (Bro Cernyw)

Diolch

Seinio maniffesto'n ffydd,
'O Dad, yn deulu dedwydd',
A dweud am y Bugail Da
Yw arfer praidd Ei borfa.

Ond llyffethair yw'n geiriau;
I riniog ofn o'n darn gae
Ni chrwydrwn, ni welwn haint
Y comin lle mae cymaint
O ŵyn briw yn enllyn brain;
Na'r her o ganfod rhywrai'n
Eu coleddu, rhannu'n rhydd
O'u 'lluniaeth a'u llawenydd'.

Iwan Bryn Williams (Penllyn)

Fy Ngelyn

Dan fy nghroen, yn fy mhoeni,
mae 'na fardd – un mwy na fi.
Un na all fentro allan
heb fod ei dafod ar dân.
Nad yw'n hidio cicio'r ci
wrth i'w gerdd swrth ei gorddi.

Mae'n hyll yn ei gwmni o hyd,
yn finag bob dau funud,
am na wêl siom anwylyn
na chwaith ei dristwch ei hun.

Ond mae o'n rhan ohonof,
weithiau'n ddiawl ac weithiau'n ddof.

Meirion MacIntyre Huws (Tywysogion)

224

Hiliaeth

Siaced ddiwerth yw perthyn,
a chraith yw dy iaith dy hun
yn y farchnad ryngwladol;
nid oes swyn yng ngwnïad siôl
amryliw, mae'r aur 'welwyd
mewn gwisg gain yn lliain llwyd;s

a llwyd hefyd ddilladwaith
brethyn diderfyn y daith,
un siwt ar glawr magasîn,
un wefus, un cynefin
oni bai fod rhai ar ôl
yn uniaith, yn wahanol.

Iwan Llwyd (Penrhosgarnedd)

Diolch

(am gael byw yng Nghymru, ac nid yn Irác)

Mae'n bwrw'n drwm un bore
ac mae'r stido'n llwydo'r lle;
pob cawod yn ddyrnodau
ar ein cefn, awyr yn cau.
Er i'r glaw'n gwlychu'n dawel
a ni heb 'run ymbarél,
er i'r niwl ddiferu'n hallt,
diolch am iddi dywallt . . .

. . . Dan gymylau'r dagrau du'n
anialwch yr anelu,
mae 'na ragor na storom –
mae'u hawyr nhw'n bwrw bom.

Karen Owen (Y Sgwod)

Ym Mrig yr Hwyr Mae Rhyw Gri . . .

(Llythyr milwr)

Rwy'n clywed bod teledu
yn dyst i'n holl oriau du.
I mi, yn ddiamheuaeth
y gad sydd yn ganmil gwaeth.
'Wn i'n iawn mai fi'n hunan
yw'r mefl yn yr oriau mân.
Mae bysedd y delweddau
atgas o'm cwmpas yn cau.
Ym mrig yr hwyr mae rhyw gri,
un nad yw yn distewi.
Am hyn, maddeuwch i mi,
ni wn beth rwy'n gyflawni.

Nici Beech (Criw'r Ship)

I Gyfaill yn 50 Oed

Mi glywais dy lais o Lŷn,
Y floedd yn nechrau'r flwyddyn:
"Rwy'n grwc tew, a'm saith blewyn
O wallt fel y niwl o wyn,
Yn groc a'm cefn yn griciau,
Yn grac wrth bob un gŵr iau;
Rwyf i'n hanner canrif oed,
Ar riniog cartre'r henoed . . ."

Taw, Elwyn! Mae'r pentalar
Hwnnw'n bell . . . Heno'n y bar
Rhown win pêr hanner can ha'
I ewach o hen aea'.

Twm Morys (Tywysogion)

Mi Wn Fod Copa'r Mynydd . . .

Eryri Awst yn ei wres
A'i wên ar warrau cynnes.
Lliwiau hudol Llyn Llydaw
A Llyn Glaslyn, a dim glaw
Ers wythnosau – llwybrau llwch
Yn llawn hedd, llawn llonyddwch.

Mi wn fod copa'r mynydd
Yn bell, ond ofnaf y bydd
Ei frig i gyd yn ferw gwyllt,
A'i osgordd yno'n fflasgwyllt,
Yn gonfoi peryg' enfawr,
Ar hyd y foel fel stryd fawr.
Cymry chwil, camera a chi,
Gwynt a chwephunt a chaffi;
Eithr haws dringo, wrth reswm
Yn y trên na'r sgidiau trwm.
Prynhawn llawn Saeson a llwch,
Llond ei wres, a llawn dryswch.

Eurig Salisbury (Y Garfan)

Mi Wn Fod Copa'r Mynydd . . .

Mi wn fod copa'r mynydd
Yn dod gyda hwyr y dydd
A'i awel tros orwelion
Y daith, a thu hwnt i'r don
Distawa cân y gwanwyn
Yn awr hud y machlud mwyn
Fel sain cog fu'n gyffro gynt
O ddyddiau nad oedd iddynt
Un pryder ond mwynder mud
Na welaf mwy eu golud,
A rhin y bererindod
O'r glyn a'r dyffryn sy'n dod
Yn ysbeidiol garolau,
Yn gerdd mewn atgof yn gwau.

Unig yw pen y mynydd
Ond yn hedd diwedd y dydd
Mwyaraf hen dymhorau
Ar weundir rhwng gwir a gau.

Rhys Dafis (Aberhafren)

Gweledigaeth

(i Carl Clowes)

Do, fe welodd adfeilion
y tai a'r gymuned hon,
y trai maith hyd 'Drem y Môr'
yn drig i adar rhagor.

Ond fe welodd dwf eilwaith
i'r Nant, gyda thrin ein hiaith
yn y tai, a dyfod dydd
saernïo llais o'r newydd.

Gweld cynnydd newydd i'n hiaith
a'i gynnal yma ganwaith,
tra dydd o'r newydd i'r Nant
a'n heniaith yma'n denant.

Emyr Roberts (Waunfawr)

Sgwrs rhwng Meddyg a Chlaf

Meddyg:

"Feirws – nid anarferol
Erioed mewn henoed, yn ôl
Y sgan yw'r boen sy gennych –
Os nad y pesychiad sych.
Ond yn syth, i fod yn siŵr,
Ces neges arbenigwr,
Ac fe gewch bilsen gen'i
I gysgu i'ch helpu chi."

Y Claf:

"Ddiddanydd â'th gelwydd gwyn,
Diolch i ti am dewyn
O obaith – ond rwy'n gwybod
Yn fy mynwes be' sy'n bod.

Dic Jones (Crannog)

Cwpledi

Ni chei breis am ddal gleisiad,
Camp ddihafal dal ei dad.

Alun Jones (Y Garfan)

Am gynnal mwy o gynnen
beia'r un gyda'r llwy bren.

Geraint Roberts (Y Sgwod)

O ryd i ryd fesul rhan
Daw gafael ar wlad gyfan.

Eirwyn Williams (Llanbed)

O Dduw, paid meddwl am ddod
Oherwydd nid wyf barod.

Dafydd Emrys (Bro Cernyw)

Wylo rhyw hen, hen alaw
a glywn yn ochneidiau'r glaw.

Annes Glynn (Yr Howgéts)

Wedi difa un diafol
Yn Irác mae dau ar ôl.

Arwyn Roberts (Bro Alaw)

Nid oes, mwy na thaflu dis,
Yn y Diwedd ddim dewis.

Nia Powell (Manion o'r Mynydd)

Fe genir yn glir y gloch
olaf, ni waeth lle'r eloch.

Mari Lisa (Y Garfan)

Mae ffenest yn ymestyn
Holl rychwant diwylliant dyn.

Richard Parry Jones (Bro Alaw)

Daw'r ddiod â rhodd ddeuol:
Huawdl wyf wrth siarad lol.

Emyr Davies (Y Taeogion)

Ni ddaw ton ar dywydd teg
I Lŷn nad yw'n delyneg.

Gareth Williams (Tir Mawr)

Roedd cosb o flaen y dosbarth
Yn gosb gyda'r ucha'i gwarth.

R. Gwynn Davies (Waunfawr)

Troediwr buan yw'r anwir
Ond ara'i gam ydyw'r gwir.

Idwal Lloyd (Preseli)

Brau ei we a byr ei hyd
Yw edafedd rhwng deufyd.

Gwilym Fychan (Bro Ddyfi)

Nid y côr sy'n deffro'r dydd
Sy'n cau cyngherddau hwyrddydd.

Llion Jones (Penrhosgarnedd)

Hynny'n llai o'r gannwyll wêr
Yw einioes ar ei hanner.

Emyr Roberts (Waunfawr)

Yn y geto a'r gwter
erys hawl i wylio'r sêr.

Llion Jones (Penrhosgarnedd)

Hoff wyf o holl sylw'r ffans,
Mae'n neis – ond maen nhw'n niwsans.

Cynan Jones (Manion o'r Mynydd)

Enbyd i'r sawl sy'n drwynbiws
Yw un joch o oren jiws.

Ifan Prys (Caernarfon)

Ni bydd gloddest mewn gwestai
Heb y dom yn y beudái.

Robin Evans (Caernarfon)

Cariad mam sy'n ddiamod
Fel dydd ar ôl dydd yn dod.

Dafydd Emrys (Bro Cernyw)

Anwydog yn ei sidan
Yw ein byd fu'n glyd mewn gwlân.

Dafydd Wyn Jones (Bro Ddyfi)

Os i ddau mae geiriau'r gân,
Na chenwch i chi'ch hunan.

Mari Lisa (Y Garfan)

Darllenir doeau'r llinach
Yn wyneb un plentyn bach.

Hywel Rees (Crannog)

Mae'n ei weddi a'i ddiod
ei ddiawl a'i dduw'n byw a bod.

Ynyr Williams (Y Dwrlyn)

Caled i jocaholics
ydi tŷ â'i lond o Twics.

Myrddin ap Dafydd (Tir Mawr)

Ar awr wan, fe all un ris
edrych fel Cadair Idris.

Dafydd Williams (Y Sgwod)

Rhy dwym yn awr yw'r domen,
A ffŵl rydd fwy ar ei phen.

R. Gwynn Davies (Waunfawr)

Ni wn i yn nhrymder nos
Am helyntion fy mhlantos.

Jon Meirion Jones (Tan-y-groes)

Myn nentydd ar fynydd fod
Yn aberoedd yn barod.

Osian Rhys (Y Glêr)

Mwy na chenfigen ennyd
Mae 'na Gain o'n mewn i gyd.

Emyr Roberts (Waunfawr)

Am olew, ffeiriwyd milwr:
Nid yw ei waed namyn dŵr.

Myrddin ap Dafydd (Tir Mawr)

Hel a hel wna rhai o hyd,
Gwely di-gwsg yw golud.

Richard Lloyd Jones (Llanrug)

Arwain dŵr, nid ei yrru,
A wna'r craff yn drech na'r cry'.

Dic Jones (Crannog)

Y mae 'na werth mewn mân us
Yn ffedog yr anffodus.

Emyr Jones (Tan-y-groes)

Y dileu nas dilëwn
yw tatŵ'r Buchenwald hwn.

Ceri Wyn Jones (Y Taeogion)

Di-baid ein blys am fynd bant
I'r lle hawdd lle ceir llwyddiant.

Wyn Owens (Beca)

Mae sawl chwilen eleni
yn staen ar fy ffenest i.

Meirion MacIntyre Huws (Tywysogion)

Ni chei'n hawdd wrth edrych 'nôl
Un adwy i'r dyfodol.

D. T. Lewis (Ffostrasol)